重庆文化研究 癸卯秋

Chongqing Cultural Research | 蔡武 题

《重庆文化研究》出版工作小组

主 任	冉华章
副主任	朱 茂
成 员	潘文亮　许战奇　韩小刚　刘雪峰
	宋俊红　严小红　高 扬　牟元义
	刘德奉　张书源
主 编	牟元义
执行主编	黄剑武
编 委	黄剑武　周津箐　魏 锦　邹俊星

重庆市文化和旅游研究院
■ 重庆市非物质文化遗产保护中心　编
重庆市文化和旅游规划院

西南大学出版社
国家一级出版社　全国百佳图书出版单位

图书在版编目(CIP)数据

重庆文化研究. 癸卯秋 / 重庆市文化和旅游研究院,重庆市非物质文化遗产保护中心,重庆市文化和旅游规划院编. -- 重庆：西南大学出版社, 2023.10
ISBN 978-7-5697-1999-4

Ⅰ.①重… Ⅱ.①重…②重…③重… Ⅲ.①地方文化—研究—重庆—2023 Ⅳ.①G127.719

中国国家版本馆CIP数据核字(2023)第186938号

重庆文化研究 癸卯秋
CHONGQING WENHUA YANJIU　GUI-MAO QIU

重庆市文化和旅游研究院、重庆市非物质文化遗产保护中心、重庆市文化和旅游规划院　编

责任编辑	王传佳
责任校对	畅　洁
书籍设计	杨　涵
排　　版	夏　洁
出版发行	西南大学出版社(原西南师范大学出版社)
地址	重庆市北碚区天生路2号
邮编	400715
市场营销部电话	023-68868624
经　　销	新华书店
印　　刷	重庆紫石东南印务有限公司
幅面尺寸	210 mm×285 mm
印　　张	6.75
插　　页	13
字　　数	190千字
版　　次	2023年10月　第1版
印　　次	2023年10月　第1次印刷
书　　号	ISBN 978-7-5697-1999-4
定　　价	35.00元

数字时代的浪潮

随着大数据、云计算、移动网络、智能终端、物联网、人工智能等一系列数字化新技术在21世纪快速发展,以数字化为代表的新一轮信息技术革命大潮席卷全球,数字时代已经来临。

面对新技术革命的滚滚浪潮,以习近平同志为核心的党中央统筹中华民族伟大复兴战略全局和世界百年未有之大变局,紧紧围绕全面建成社会主义现代化强国、实现第二个百年奋斗目标的中心任务,适时提出了全面推进数字中国建设这一国家战略,并明确指出,建设数字中国是数字时代推进中国式现代化的重要引擎,是构筑国家竞争新优势的有力支撑。加快数字中国建设,对全面建成社会主义现代化国家、全面推进中华民族伟大复兴具有重要意义和深远影响。

为贯彻落实习近平总书记关于数字中国建设重要论述和党的二十大战略部署,2023年4月25日,数字重庆建设大会召开。会议强调,要把数字化、一体化、现代化贯穿到党的领导和经济、政治、文化、社会、生态文明建设全过程各方面,主动塑造数字变革新优势,积极拥抱数字文明新时代,加快构建数字文明新时代的市域范例,以数字化引领开创现代化新重庆建设新局面。

数字文化建设是数字重庆建设的重要组成部分,与数字党建、数字政务、数字经济、数字社会、数字法治组成数字重庆六大应用系统。它们彼此关联、相互作用,承接落地"五位一体"总体布局和"四个全面"战略布局,确保党中央、国务院决策部署纵向到底、横向到边、全面落地。

文化是一个民族生生不息的精神动力。数字文化建设的提出,充分体现了文化在数字时代的重要地位。发展数字文化,有利于促进满足人民文化需求和增强人民精神力量相统一,推进社会主义文化强国建设;有利于壮大文化产业规模,优化产业结构,提升内容供给质量，为经济高质量发展提供新动能。发展数字文化，越来越成为数字时代坚定文化自信、提升国家文化软实力和中华文化影响力的重要举措。它的建设就是要贯彻落实数字重庆建设总体部署，坚持"多跨协同、整体智治"理念，聚焦跨部门跨层级数据共享和业务协同两个关键，以数字化技术、数字化思维、数字化认识促进文化旅游高质量发展，构建党建统领、整体智治新格局，实现从"数字"到"数治"再到"智治"的新生态。

  数字文化的相关讨论，尤其关注对数字文化的内涵、目标方向、重点任务、发展趋势进行研究总结。其目的在于更好地凝聚共识，深化推进建设工作，以及抛砖引玉，让更多的专家、学者以及实践者参与进来，多角度、多维度地展开研究讨论，在理论方面推陈出新，助力数字文化发展，乃至数字重庆的建设，营造全社会共同关注、积极参与数字中国建设的良好氛围。

编者

2023年8月6日

目 录

政策研究
1 推进数字文化系统建设　曹清尧
6 重庆市文化和旅游发展委员会数字文旅建设思路　重庆市文化和旅游发展委员会
9 数字技术推动文化旅游活化策略研究　王睿　向利川

文艺评论
14 话剧《风雪夜归人》系列评论

基础研究
36 重庆民间川剧艺人群体的从艺经历研究　谭斯颖
44 爽朗明快、刚柔相济
　　　　——从桂名扬粤剧老唱片管窥"桂腔"的艺术特色　王琴
51 宝顶山石窟：世俗画卷中的孝文化　杨中秀
56 古镇文旅开发中地域独特性保护及创新
　　　　——以三个古镇为案例　秦一丹

巴渝文化
61 重庆地名的雅化与俗化　李正权
65 歌乐山释名　姜孝德

人物风采

68 川剧名旦黄荣华的艺术人生　邹俊星

文化记忆

79 文史辨略二则　蓝锡麟

艺文空间

89 艺苑

115 张大千与大足的故事　陈先学

120 江津,过端阳划龙船那些前尘旧事……　庞国翔

推进数字文化系统建设[1]

曹清尧

(中共重庆市委宣传部常务副部长)

近年来,数字化的步伐越来越快,影响越来越深。人们利用计算机、互联网、数字化高清视频等技术,对文化资源、文化元素进行信息采集、处理、存储、传播等数字处理,这一过程即为文化数字化。

文化数字产品的创新性、体验性、互动性,有助于互联网、大数据平台实现文化传播的时空普及与内容升级,由此产生了崭新的文化服务共享模式(包括文化内容的生产和供给、文化传播途径的拓展和提升、文化市场的管理和服务),以及文化供给侧和需求侧的双向革命,这就是数字文化。

可见,用数字化技术推动中华优秀传统文化创造性转化、创新性发展,用数字化思维创作新的文化产品、满足人民新的文化需求,用数字化认知坚定文化自信、树立文化目标,正当其时。

一、数字文化三大基本属性

数字文化一经问世,就带来政治、经济、文化、社会、军事、世界格局等方面的巨大变革和深远影响,我们必须熟练掌握其发展的基本规律和基本特征,才能更好地驾驭和应用数字化技术。

1. 数字化技术是从科学技术层面上把握数字文化

一是数字化技术是数字文化的基础支撑。数字化技术改变人类生产生活是一个复杂的过程,从最初用于军事和科学目的的电子计算机,到改变人们生活方式的互联网,再到深

---

[1] 本文原载于《瞭望》2023年第27期,有改动。

刻影响人们思维模式和行为方式的智能化设备，数字化技术完成了点、网、面的覆盖，让文化的内容具备了直抵基层、直达群众的基础能力。

二是数字化技术是数字文化发展的迫切需要。新时代要自觉承担起"举旗帜、聚民心、育新人、兴文化、展形象"的使命任务，需要加快运用数字化技术，不断提高文化工作传播力、引导力、影响力、公信力。

三是数字化技术是数字文化的全景呈现。文化工作要发挥各类新技术、新应用的特色和优势，推出更多图文、微视频、"H5"等形式的可视化作品，主动适应分众化、差异化的传播趋势，要把互联网这个变量变成事业发展的增量，培育积极健康、向上向善的网络文化，建设网络文明，形成线上线下融合互动、立体覆盖的文化服务供给体系，实现中华文化全景呈现和全民共享。

2. 数字化思维是从人类活动层面上把握数字文化

一是"可量化"思维完善数字文化的评价体系。从世界第一台电子计算机面世开始，"数字和数量"就是数字化思维的基本特征。而在传统思维中，文化工作难定量，只能定性估计和大致预测。但进入智能化时代后，能够通过构建数字文化指标体系，定量分析特定范围人群的思想状态、文化内涵、文明素养。

二是"透明化"思维增强数字文化的工作效能。"开放、互动、协作、共享"是互联网思维的重要特征，也是数字化思维的重要组成部分。所以，将数字化的"透明化"思维模式融入文化工作中，可以实现业务数据的透明、共享、互动，打破上下、左右、内外之间的数据壁垒，让数字文化成果全民共享。

三是"可视化"思维提高数字文化的决策能力。从曾经的传单、喇叭、报纸到现在的图片、视频、VR，"可视化"思维已经深深扎根到文化工作的"服务端"。但"可视化"思维在文化工作的"管理端"一直较为缺失，仍然需要依靠决策层自行收集、分析、研判。我们应将"可视化"思维融入"管理端"，将筛选整理后的数据，通过可视化工具直观呈现出来，进一步提高文化工作决策能力。

3. 数字化认知是从社会认识层面上把握数字文化

一是"数字化"与"信息化"既一脉相承，也存在不同。二者均指使用通信、计算和传感技术对实体进行变革的过程，但信息化变革是实现过程的精准管理，数字化变革还让传统信息系统之间互联互通，实现对信息系统的数字化应用。文化信息化是指对数据进行"采集、分类、存储"的过程,而文化数字化更偏重于通过数据进行"分析、交互、决策"的过程。

二是"文化数字化"和"数字文化"既息息相关也存在差异。"文化数字化"是指利用数字技术,让抽象静态的文化成为可观、可闻、可触的活态文化,优化文化产品和服务的消费场景与消费体验的过程。"数字文化"是指通过梳理公共文化服务中存在的"痛点、堵点、难点",打通业务壁垒、弥合数据鸿沟、完善机制体制,推动文化领域的工作体系重构、业务流程再造、体制机制重塑。

二、数字文化系统建设四大目标

建设数字文化系统的根本目标就是要担负起新时代新的文化使命,铸就社会主义文化新辉煌,满足人民日益增长的精神文化需求。其具体目标体现在如下四个方面。

1. 工作体系重构

以文化工作核心业务和重大任务为重点,打破组织机构、信息流动、资源配置等方面的壁垒,推动数字文化系统体系重构。全面建立起目标体系、政策体系、工作体系、评价体系,做到目标、执行、保障、效果量化,推动文化工作实现"定性+定量"。如,构建社会主义意识形态凝聚力和引领力指数、培育和践行社会主义核心价值观指数、全社会文明程度指数等。

2. 业务流程再造

系统梳理文化工作核心业务,通过打通数据流向,疏通业务流向的"堵点、痛点",进一步精简决策流向环节,推动数据辅助决策,运用网络、软件、大数据全量归集数字化信息,通过大量的数据分析,产生能够辅助决策的知识,最终形成以任务为中心的工作闭环,推动文化工作核心业务流程再造。

3. 体制机制重塑

以数字化改革引领文化体制改革,解放和发展文化生产力,对文化的体制机制、组织架构、方式流程、手段工具进行全方位、系统性改革。推动文化体制改革从局部到整体,从机制创新到体制改革不断深化,激发文化创新创造活力,向政府、市场、社会共治格局的新时代迈进,促进文化治理体系和治理能力现代化。

4. 系统高效协同

加强文化系统各部门共享联动,实现系统内部高效协同。加强与系统外单位的工作互动,提高主动发现、有效对接、快速反应的能力,实现系统内外的高效协同。加强与文化企

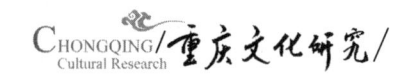

业、平台机构、社会公众等多元主体的沟通服务,实现与社会各领域各方面的高效协同。

三、数字文化系统建设三大板块

实施国家文化数字化战略,健全现代公共文化服务体系,创新实施文化惠民工程。数字文化建设必须导向正确、内容丰富、惠民有感。

1.拓展数字化思想舆论阵地

意识形态工作是党的一项极端重要的工作,要运用好数字化技术,实现意识形态风险实时感知、及时防范、快速处置。要巩固理论数字化阵地,面向基层开展对象化、分众化、互动化、通俗化宣讲。新闻舆论要加强大数据、云计算等技术在新闻传播领域的应用,完善"媒情网情社情"联动机制,走好数字化群众路线。

2.提升文化事业数字化服务能力

文化文艺最能代表一个时代的风貌,要推进中华优秀传统文化资源的数字化转换,创新数字化载体,丰富文艺形态样态,拓展中华优秀传统文化数字化传播路径。精神文明创建活动是把社会主义精神文明建设的任务要求落实到城乡基层的重要载体和有力抓手。

3.增强文化产业数字化创新活力

加快发展文化产业,是满足人民多样化、多层次、多方面精神文化需求的基本途径。要在积极发展传统文化产业的基础上,加快数字文化产业布局,发展数字文化资产交易市场,提高数字文化产品的市场竞争力。要推进文化和科技深度融合,完善文化科技创新体系,加快文化科技成果产业化推广,推动文化创作从数字化走向智能化。

四、五大举措建设重庆数字文化系统

数字文化系统建设是一场系统性变革,既要抓住机遇勇往直前,也要结合实际循序渐进。目前,重庆通过五大举措建设数字文化系统。

第一,推动党的创新理论数字化传播。实施党的创新理论凝心铸魂工程,巩固马克思主义在意识形态领域的指导地位,打造理论学习数字化平台,推出多样态的数字化理论产品,强化安全稳定的数字化意识形态体系。

第二,推动构建数字化全媒体传播格局。构建"媒情网情社情"联动机制,打造全市统筹、市区两级共享的全媒体技术支撑平台,建立内外宣统筹、传统媒体新媒体融合、官方传

媒自媒体互动的传播体系。

第三，推动公共文化服务数字化普惠。丰富数字文化新业态新模式，加快建设全市公共文化资源数字平台，优化基层公共文化数字化服务体系，提升公共文化服务的到达率、及时性，增强人民群众获得感。以长江国家文化公园数字化建设为龙头，推动长江文化活起来。

第四，推动形成数字化精神文明新风尚。打造集约高效、便民利民的全市文明实践数字中枢，开展丰富多彩的线上宣传教育和实践活动。以数字化提高文明创建动态管理水平，建立文明创建闭环管理机制。打造未成年人心理健康服务网络矩阵，构建家庭、学校、社会、网络、政府、司法"六大保护"体系。

第五，推动数字文化产业高质量发展。提速文化产业数字化布局，推动图书、报刊、电影、广播电视、演艺等传统业态数字化升级，调整优化文化业态和产品结构，建设数字文化交易市场。鼓励数字文化投资创业，在文化数据采集、加工、交易、分发、呈现等领域培育一批新型文化企业。努力打造原创内容、原创技术策源地和数字文化企业孵化器，推动文化旅游数字化改造，实现"新型文化空间+数字体验场景"。

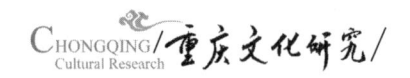

重庆市文化和旅游发展委员会数字文旅建设思路

重庆市文化和旅游发展委员会

党的二十大报告提出,以中国式现代化全面推进中华民族伟大复兴。推进文旅数字化是实现中国式现代化的重要方面,是推动未来文旅业加速发展的强力引擎。市委、市政府高度重视含数字文旅在内的数字重庆建设,制定并出台了《数字重庆建设总体方案》。为贯彻落实市委六届二次全会和数字重庆建设大会精神,对标对表市委、市政府关于数字重庆建设工作部署和有关要求,加快推进全市文化旅游数字化建设,2023年6月27日,重庆市文化和旅游发展委员会印发了《数字文旅建设总体方案》。该方案充分吸纳了《数字重庆建设总体方案》和《数字重庆建设各专题实施方案》中涉及文化旅游的相关内容,主要分为总体要求、工作目标及主要框架、主要任务、保障措施等4个方面,并对应绘制了数字文旅建设整体架构图。

一、总体要求

坚持以习近平新时代中国特色社会主义思想为指导,深入学习贯彻党的二十大精神,认真落实习近平总书记关于网络强国的重要思想、数字中国建设的重要论述和对重庆所作的重要讲话和系列重要指示批示精神,坚持以人民为中心的发展思想,围绕"举旗帜、聚民心、育新人、兴文化、展形象"的使命任务,运用现代化技术手段,推动文化旅游工作体系重构、流程再造、能力重塑,高水平推进文化旅游治理体系和治理能力现代化。

二、工作目标及主要框架

数字文旅的建设以"一年形成重点能力,三年形成基本能力,五年形成体系能力"为目标,以"1+5+N"为主要框架,主要任务是建设1个智慧文旅大脑,构建5大数字文旅建设体系,持续推出N个文化旅游应用场景。

三、主要任务

建设智慧文旅大脑。一是优化基础设施支撑能力。加快现有云、网和计算能力基础设施的梳理、迁移和改造,统筹申请使用政务云、电子政务网络、物联网感知体系网络等数字基础设施,集约化提供网络算力、数字交换、物联感知、网络安全保障。二是建设文化旅游数据仓。对文化旅游数据资源进行统一编目,并实现数据共享联通、数据资源动态管理。建设丰富实用的文化、旅游、文物、广电等专题数据库。开展大数据在文化旅游统计中的理论研究与应用研究。三是丰富文化旅游能力组件。迭代升级数字文旅相关应用,对应用中的高频、实用功能组件进行优化、解耦,为全行业提供文旅资源管理、资讯汇集与分发、预约预订、游客画像等特色化、实用性的能力组件支撑。四是丰富重庆数字文旅智慧应用。推进"重庆数字文旅系统"、市级政务端驾驶舱,以及"惠游重庆"应用、全市院团管理应用、不可移动文物巡查督察应用、可移动文物管理应用、慧演票务应用等迭代升级。

构建5大数字文旅建设体系。一是构建数字文旅党建统领体系。聚焦加快推进文化旅游系统党建统领、整体智治总体目标要求,运用数字化技术、数字化思维、数字化认识,紧抓"基层党建数字化、干部管理数字化、社会组织管理数字化、人才工作数字化和党风廉政工作数字化"5项工作任务,提炼文化旅游系统党建统领、整体智治关键指标体系,打造数字党建、"文旅一屏掌控"、社会组织服务管理、意识形态智控等应用。二是构建数字文旅政务服务体系。全面梳理文旅委系统政务核心业务,丰富"一网通办"、人事管理、绩效考核、财务内控、资产管理、机关事务管理等数字化应用,规范和优化机关运转流程,提高机关办文办会办事效率,打造现代化机关办公体系。三是构建数字文旅公共服务体系。推进智慧文化馆、智慧图书馆、智慧博物馆、智慧旅游、智慧广电建设,持续推动公共图书馆、文化馆、美术馆、博物馆等公共文化场馆建设,不断拓展公共文化服务新空间。四是构建数字文旅产业发展体系。以文旅产业数字化为牵引,引导支持5G、人工智能、交互式虚拟现实等数字技术在文旅领域融合应用,推动创意设计、工艺美术、游戏游艺、动漫、网络视频等数字文化产业加快发展。五是构建数字文旅治理体系。运用数字化技术措施和手段,增强市场预知、研判、应对处置的前瞻性、主动性,提升监管服务的针对性、有效性和精准性,充分激发市场活力和创造力,提升文化和旅游市场治理体系和治理能力。

四、保障措施

一是强化组织领导。成立委数字文旅建设领导小组,以"专班化运作+项目化实施"的工作方式做好相关工作,建立数字文旅建设晾晒考核机制,加强绩效评估和监督考核,积极开展文化旅游数字化建设试点。二是加强跨部门、跨层级协同。跨部门协同数字重庆"六大应用系统",以"统分结合"的方式做好应用输出,形成条块融合的网状结构。强化与社会、企业互动,建立数字化建设专家智库。三是建立标准体系。推动数字文旅标准研究制订,形成文化旅游数字化标准体系。加强文化旅游数字化标准的宣贯应用。四是强化数据安全。落实相关法律法规,加强网络安全技术防范,建立数据安全责任制。五是加强资金保障。做好政府预算资金保障,加大资金统筹管理,提高财政资金绩效运用效力。积极探索"政府主导+社会参与"建设运营新模式,大力引进社会投资参与建设与运营。六是加强示范引领。培育创建一批文博场馆数字化示范单位、文化和旅游数字化示范企事业单位、智慧景区,创建一批示范区县,推出一批数字文旅产业发展应用案例,提质扩面数字文旅产业链,让产业发展更有竞争力。

数字技术推动文化旅游活化策略研究

王睿　向利川

（重庆邮电大学）

【摘要】 数字技术可以推动文化旅游高质量发展，丰富文化旅游的业态形式，拓展文化旅游的发展路径。数字技术与文化旅游的融合还可以促进文化传承与保护，满足人们日益增长的美好生活需要，推动文化旅游的可持续发展。本文在探讨数字技术对文化旅游的影响和文化旅游发展困境的基础上，提出了以数字技术推动文化旅游产业活化的策略。

【关键词】 文化旅游；数字技术；旅游活化；文化传承

信息时代下，文化旅游的数字化发展已成为文化旅游领域的主流趋势。2022年，中共中央办公厅、国务院办公厅印发了《关于推进实施国家文化数字化战略的意见》，明确提出到"十四五"时期末，基本建成文化数字化基础设施和服务平台，形成线上线下融合互动、立体覆盖的文化服务供给体系。到2035年，实现中华文化数字化成果全民共享。通过混合现实（Mixed Reality，MR）、物联网、人工智能等数字技术充分挖掘文化旅游产业中的文化资源，不仅是实现中华文化数字化的有效措施，更是推动文化旅游可持续发展的有效方法。

一、数字技术对文化旅游的影响

文化旅游产业是包含文化、旅游以及相关融合业态在内的综合性产业[1]。目前，文化旅游更加侧重于旅游者的经历和体验[2]，而游客也更加重视文化旅游给精神层面带来的满足以及在旅游过程中的主观参与性。近年来，文化旅游越来越重视沉浸式文化体验和文化内涵传播。

---

[1] 范朋，晏雄.文化旅游产业统计分类逻辑与统计范围边界[J].统计与决策，2022(17)：31-36.
[2] 鲁洋静.旅游文化与文化旅游：理论与实践的若干问题[J].中国集体经济，2021(27)：135-136.

目前，数字技术应用广泛，对文化资源影响颇深，也推动了文化旅游的发展。首先，数字技术促使文化资源向"互动化"转变，提高了游客的游玩兴趣。互动化是指将文化资源转变为人机交互的沉浸式游戏业态，如借助微信小程序展示敦煌石窟艺术的"云游敦煌"。由此，人们不仅能近距离观赏洞窟中的壁画，还能通过角色扮演与历史人物互动，实现知识获取与游玩娱乐的融合。其次，数字技术促使文化资源向"活态化"转变，提高了游客旅游出行的概率。活态化是指将文化资源转变为数字形式，并利用智能技术对其进行数字化保护，如基于NFT（非同质化代币）技术的非遗数字资源开发能实现对非遗的活化保护[1]。这些数字形式扩展了文化资源的传播范围，也提高了人们去文化传承地旅游的概率。

二、文化旅游发展的困境

1. 文化旅游资源合理利用率低，数字传播同质化严重

（1）数字传播方案大同小异。

目前，许多古镇、文化遗址、博物馆在文化旅游传播方案上往往沿用一套数字系统，或仅将其呈现形式稍作改动，如将3D视频改为H5网页、互动小程序等形式。这是因为他们在制订方案时，依赖传统文化的表层符号和形式，仅仅进行了简单的数字转化，而这就使传播内容缺乏深度和个性化特征。另外，相关专业机构缺乏合作意识，没有共享彼此的资源和经验，所以难以在传播内容和形式上实现差异化。

（2）数字化理念实施效果存在偏差。

目前，在文化资源利用上，人们普遍将求异的传播理念直接运用到数字化当中，国外游客可能会由于文化差异而不能理解文化内容，这就导致传播效果大打折扣。此外，数字技术应用不当也可能导致传播偏差。过于注重个性、异化和视觉冲击效果，而忽略了游客对文化内涵和知识的渴求，可能会使游客对文化传播内容产生疏远感或疑惑感。

（3）在数字技术与文化的融合中，文化样本不均衡。

旅游产业太注重经济效益，部分数字文旅项目追求商业化，更注重推广和展示主流文化或国际知名的文化遗产，较少关注如巴文化、楚文化等具有独特魅力和传承价值的区域性文化。另外，技术限制和成本问题也是一个重要的原因。一些区域性特色文化可能需要采用更加新颖和特殊的数字技术手段来传播，这往往需要更高的技术投入和开发成本，因

---

[1] 牟丽君，许鑫.基于NFT的非遗数字资源开发研究[J].农业图书情报学报，2022(6):14-23.

此区域性特色文化的传播可能会被忽视。

2.数字技术运用存在滞后现象,相关人员的数字技术素养有待提升

(1)数字技术与文化融合不到位。

元宇宙、区块链、虚拟现实(VR)等技术的兴起,为文化数字化提供了更多的可能性,但目前数字技术与文化的融合形式较为落后,融合不到位,只是在功能层面实现了整合,而未提供更好的数字服务。以前的文化旅游数字化主要体现在便携性上,即游览过程的便利,例如在网上买票、使用电子票据、扫二维码聆听解说等[1]。虽然这些旅游功能的高度整合给游客带来了便利,但是游客更加注重精神需求的满足、自我的提升和阅历的扩展。所以,文化旅游资源的转型要加大创新力度和落地程度,要增强游客的体验感、互动感、参与感。

(2)相关人员数字技术素养有待提升。

一是相关人员数字化意识薄弱。相关人员在对数字化的认知和理解方面存在局限性,导致他们在数字化转变中较为被动和迟缓。二是相关人员的数字技能有待提升。作为文化数字化的中坚力量,他们需要拥有技术敏感度和文化传播能力。另外,他们不进行跨学科交流,容易"当局者迷",在内容创作、形式创新上陷入瓶颈。

三、数字技术推动文化旅游活化发展的策略

1.打造"中国文博"元宇宙品牌,创设相应开发中心

(1)打造"中国文博"元宇宙平台,整合文化旅游资源。

我们要以中华优秀传统文化为养料,打造"中国文博"元宇宙平台。通过整合各类文化资源,利用元宇宙技术,将用户带入一个"拟真"的文化探索空间。例如,通过虚拟现实技术,游客可以在元宇宙中参观古代宫殿、品味传统美食、参与传统工艺品制作等。而且,"中国文博"元宇宙平台是文化旅游的衍生产品,它还将提供文化旅游地点的概览功能,在平台上标注文化传承所在地,利用数字孪生技术在虚拟空间开展中华优秀传统文化的场景式、沉浸式体验活动。同时,还可开放与国际用户对接的窗口,吸引国际用户参与,提升中国文化的国际影响力。

(2)建设数字文化元宇宙开发中心,为"中国文博"提供技术支撑。

组建一批元宇宙技术队伍,建设对接"中国文博"元宇宙平台的数字文化开发中心,为

---
[1] 张晟,张玉蓉.元宇宙视域下文化旅游数字化传播探索[J].新闻爱好者,2022(9):60-62.

文化旅游开发提供技术支持、资源整合和创意咨询等服务。并且,元宇宙开发中心还要加强与国内外科研机构、技术企业的合作,不断提升平台的技术水平和用户体验。

2. 开发红色文化旅游IP,结合数字技术传承红色文化

(1)建设"星火"数字中心,打造红色文化宣传的"中央厨房"。

红色文化是我国文化资源的重要部分。传统的红色文化旅游建设,更多的是开发历史遗址、名人旧居等旅游资源。而建设"星火"数字中心,是对红色文化资源进行数字赋能的有效方式,即组建一个开发系列红色文化IP项目的"星火"数字中心,借助动态漫画、影视动画、互动视频等载体,结合历史名人故事、历史事件、红色精神,进行红色文化宣传,并对接各个红色旅游景区进行落地展示或者线上传播。此外,游客的反馈能直观地反映文化宣传的效果。"星火"数字中心要成立游客反馈收集组,定期收集各个红色旅游景区的游客意见,并根据反馈修改、优化宣传形式和内容。

(2)创建红色数字体验基地,丰富游客的沉浸式感受。

各地的红色旅游景区应该加大对红色文化数字化体验基地的建设力度,以剧本游戏、沉浸式展览等方式创新红色文化的传播体验。成都的"少城红色记忆"剧本游戏就受到了游客的喜欢。它的剧情串联起青羊区的24个红色点位,让参与者在探秘、解密过程中,沉浸式地感知红色基因和传统文化。此外,还可借助增强现实(AR)、全息投影等技术,在红色景区还原历史场景,让游客沉浸其中,增添游客的乐趣。

3. 开发"余遗"数字平台,借助数字化展览促进旅游产业发展

(1)借助数字平台线上展览,推动民族文化传播。

可开发"余遗"数字平台,将曝光机会少、传承压力大、旅游开发力度较小的民族文化、民俗文化转化为数字形象,并把其文化传承地的信息上传到"余遗"数字平台,使游客在欣赏文化之余,提升探索兴趣。另外,可不定期地举行线上"1+1"本土文化体验展。"1+1"即"拾1种文化,学1种新技能"。以系列活动的形式分批宣传民族文化,每次选择5种民族文化,开展为期1个月的线上展览活动,以互动游戏、互动视频的方式进行宣传。这样既能保护文化资源,又能推动当地文化旅游的开发。

(2)借助数字时代新颖活动,宣传文化旅游地。

快闪活动是指许多人共同参与的,在指定时间、指定地点,用歌舞或其他特定形式进行表演并通过网络等形式进行传播的短暂的行为艺术。①在数字时代,技术更新迭代快,文化旅游也应当吸纳新元素。可以借助快闪、联动型展览等方式宣传文化旅游地。比如,可以在本地著名景点开展联动型落地展览、民族歌舞的快闪活动,借著名景区的人流量来增加曝光量。

4.提升相关人员能力,借助跨学科力量,促进文旅数字化发展

(1)开展"一思维、二能力"数字人才培训,提升数字人才能力。

文化旅游相关人员需要具备数字技术和文化知识基础,以推动文化旅游的技术赋能发展。所以,我们要定期开展数字人才培训,以"一思维、二能力"培养为主,即以培养"一种数字思维",提升"一种数字能力"和"一种文化传播能力"为主要目的,以新兴数字技术、传统文化、本土文化为内容开展相关人员的培训活动。

(2)建立跨学科合作机制,共同推进文化旅游发展。

跨学科合作机制能够培养具备数字敏感度和文化传播能力的人才。通过各方的合作与交流,文化旅游相关人员能够具备较强的创新思维、高超的数字技能、丰富的文化知识,从而创造出更为全面、新颖的文化旅游项目。

四、结语

在物质生活富足的时代背景下,人们越来越重视精神层面的需求,越来越不满足于以他者身份参与旅游。人们更加青睐参与度高、体验性强、精神体悟多的文化旅游项目。在数字化迅速发展的背景下,加快文化旅游资源的数字化转型,是推动文化旅游发展的有效途径;数字平台建设、线上线下文旅活动、相关人员的培养等,是推动文化旅游活化的重要举措。

---

①耿倩,刘晓江,徐大钧.群众文化活动之快闪表演研究[J].中国文化馆,2021(1):171-173.

话剧《风雪夜归人》系列评论

【编者按】1943年,《风雪夜归人》由中华剧艺社在抗建堂首演。重庆市话剧院《风雪夜归人》(2023年版)是继《雾重庆》后,又一部传播抗战戏剧文化、再现中国话剧发展黄金岁月的力作。2023年4月末,重庆市文化和旅游研究院组织评论者观摩了该剧,并形成了系列评论。他们或从《风雪夜归人》的当代艺术手法角度,或从话剧的民族化角度,或从现代性上解读该剧,探讨该剧的现实意义和当代价值。

揭露人性扭曲的爱情悲剧
——观吴祖光话剧《风雪夜归人》

彭斯远(重庆师范大学文学院)

重庆市话剧院为了发扬我市的悠久话剧传统,最近在渝中区抗建堂隆重推出话剧《风雪夜归人》。该剧创作于1942年,剧作者是吴祖光。与他此前创作的借古讽今、用民族英雄文天祥的事迹来弘扬民族精神的《正气歌》不同,《风雪夜归人》虽然描写的是优伶与官绅姨太的爱情悲剧,但却巧妙地超越了男女之爱的主题,将思想提到了"人为什么活着,应该怎样活着"的高度,从人格独立、个性尊严的角度,揭露了社会对人性的扭曲和摧残,表现了人的意识的觉醒。

个人在社会群体里具有反抗他人奴役的健全心理。该剧主人公,京剧演员魏莲生,出身极其贫寒,但在走红之后,却沾沾自喜,以结交名流要人为荣。虽然他也乐善好施,急人之难,却透着居高临下的自傲、自足和自得。他的声誉一天天提高,其人格却仍然被统治者踩在脚下。魏莲生是一个好、坏思想兼备的性格复合体,这值得观众仔细咀嚼体会。

剧中另一主人公玉春是法院院长苏弘基的四姨太。她在优裕的物质生活中没有感到丝毫的幸福。玉春还清醒地意识到，自己不过是别人用金钱换来的玩偶，就如同一只关在笼子里的金丝雀。的确，她从来没有自己的人格和尊严。

当魏莲生与玉春偶然相识之后，他们相互吸引，成为彼此信赖的知音。他俩后来决意为争取自由而私奔，却被小人所阻而耽误了整整20年。

剧中另一重要人物自然是法院院长苏弘基。他一边以魏莲生的忠实崇拜者自居，一边又以保护者的身份放肆地践踏魏莲生的艺术和尊严。魏莲生厌恶苏弘基的无耻，但他只有以笑脸相迎。魏莲生能在舞台上认认真真表演，却不能在生活中昂首做人。魏莲生缺少的是人的自觉和骨气。后来，受到玉春的爱的感召和她对理想的追求的感染，魏莲生自我意识觉醒，下决心和玉春私奔，但这想法一直未能实现。

20年后，当魏莲生和玉春再度相见时，正值漫天风雪，玉春在雪地里苦苦地寻找自己的心上人，而远处似乎传来了踉跄的脚步声，是不是他回来了呢？玉春忐忑不安的心总未能放下。如此"风雪夜归人"的情景描写，深刻地烘托了全剧主题。

另外，此剧还巧妙运用昔日雾都重庆的战火纷飞，官家群丑的纸醉金迷、倒行逆施，来反衬渴望自由与爱情的官家姨太和京剧名伶的相爱相守，这便是很值得观众仔细思索琢磨的一个作品意向。

《风雪夜归人》是周恩来在新中国成立前就非常关注的一个剧目。当时在渝担任中共南方局书记的周恩来，曾经七次经过重庆观音岩的数百步陡峭的梯坎来抗建堂观赏该剧。演出结束后，周恩来还和演职人员一起反复研究该剧的进一步修改等问题，如此就充分保证了该剧在渝演出的质量和对观众的教育效果。今天,重庆市话剧院重新排演《风雪夜归人》,是对观众进行革命传统教育的一种独特方式,其意义非同寻常。

重庆市话剧院对《风雪夜归人》的排演,是非常成功的。该剧除了剧情上保留了原作者的精心构思之外,还利用声光化电的现代科技手段来处理布景,增加了感人效果。一般的话剧,演员大都从舞台左右两侧出入场,而此剧却改变了这种一般化的模式。该剧充分利用了舞台空间,非常立体化地形成了不同的表演副中心。

譬如,在舞台右下方设一房间,主人公魏莲生就常在这儿表演心理活动。在此房间的旁边设置的狭窄通道,虽然在舞台正中,却是供演员出入场的地方。在舞台正中的楼梯前的空地上,有一个被建筑所包围的天井。漫天雪花从天井飘下来,落在坐在藤椅上的魏莲生身上,对气氛的营造作用很大。

另外,在魏莲生的屋子旁边,还有转弯的楼梯通往舞台左上角的二楼,二楼设有门窗,女主角玉春就常从二楼经楼梯抵达右下方的房间与魏莲生相会。总之,呈现在观众眼里的所有画面,都是有层次的立体化图景,这与一般戏剧所呈现的相对平面化图景完全不同,因而给人以极度封闭甚至死寂的感受。

如上所述,舞台所呈现的多层次立体化图景,犹如一个封闭的盒子,把主人公魏莲生与玉春争取自由恋爱的心,禁锢、束缚在里面,让他俩丝毫感受不到一点儿自由。说得夸张些,这种多层次的立体舞台就像一口活动的棺材那样,始终令人感到气闷甚至窒息。

此外,浓郁的诗情,悠远的意境,也是该剧在艺术表现上的显著特征。剧作家常常借景抒情,或托物言志,赋予客观景物以象征意义,从而给人留下一种含蓄隽永的艺术美感。这里且以戏剧的开端和结尾为例,略作说明。

在序幕里,男主人公魏莲生出现在寒风凛冽的夜晚,而此刻的花园又是如此破败,他就在这儿痛苦地挣扎。这便烘托出了全剧的悲凉气氛。而在尾声里,戏剧以同样的寒风、大雪、暗夜,来引出魏莲生对恋人的无限思念和对前途的一片迷茫。这同样给观众留下了无限的怀念和感伤。戏剧反复运用"风""雪""夜"的意境,让观众久久难忘……

末了,还需补充一点,该剧演出结束时,全剧20余位参演者一丝不苟地诚恳谢幕,表达了对观众的尊重和服务观众的热情。这也充分体现了艺术服务于人民。

重庆市话剧院在我国戏剧演出界是占有一席之地的杰出戏剧团体。为了发展和繁荣戏剧表演,我个人认为,在今天,除了继续演出像《风雪夜归人》这类传统优秀节目之外,我们更应多多创作反映当今社会生活的崭新剧目,让艺术家们在舞台上,用话剧形式讲好当今的中国故事,如此定能更好地推动我国话剧事业的进一步繁荣发展。

风雪拂尘埃 海棠花又开
——评话剧《风雪夜归人》

张晓梅(重庆市巴南区文艺评论家协会)

2023年4月26日,春意正浓,我参加了话剧《风雪夜归人》观摩活动。这是一场精致而富有创意的艺术表演。《风雪夜归人》是一部寓意深刻、回味悠长的话剧作品,也是一部结构紧凑、设计巧妙的小型舞台剧。那漫天飞舞的白雪将观众带入感人肺腑、催人泪下的,充满人性感召与升华的爱情故事之中,在场的每一个人都被浓浓的浪漫主义色彩和现实主义气息所包围和渗透。

夜幕降临,渝中区中山二路的街头巷尾正是华灯初上、热闹非常的时候,烧烤、火锅的香气充斥着每个角落,而重庆市话剧院的抗建堂观剧厅此时已是压肩叠背、座无虚席。原来曾想,如今影像信息技术如此发达,时尚的现代人对舞台剧应该不感兴趣,可出乎我意料的是,来观剧的人特别多,且半数是年轻人。话剧是与生活最接近的舞台剧,其主要表现手段是演员的对白和独白,加之以少量的音乐和歌唱作为辅助。话剧《风雪夜归人》中魏莲生、玉春、苏弘基、王新贵、徐辅成等人的故事,把我们的思绪带到了20世纪40年代,那个家国动荡、风雨飘摇的年代,兵荒马乱、民不聊生的时期,我们能够真实地感受到剧中所蕴含着的中华民族不屈不挠、上下求索的精神和力量。虽然话剧主要以人物对话为表现手段,但通场下来观众却感受不到一丝枯燥无味,这是因为整个话剧的表演、灯光、服饰和舞美,搭配得天衣无缝、精巧绝伦。而且剧中表演在设计和编排上有诸多创新和独特之处,引领着我们时而在传统时空中飞升,时而又穿梭于现实意境之中,无时无刻不在游刃有余的舞台性、直观感以及综合交互的韵致之中陶醉、感叹和思索着。

话剧与歌剧、戏曲同属于舞台剧,却各有特点,就其发展历史来看,我国的话剧产生于辛亥革命前夕,相比我国的传统戏剧历史更短,故被称为"新剧"或者"文明戏"。戏剧改革浪潮的袭来，带动了话剧艺术多方位、多维度的创新和发展，一些过于陈旧老套的话剧剧目逐渐被时代所淘汰，远离了人们的视线。如何推陈出新、独辟蹊径，使话剧既保留民族性和传统性，又适应现代人的新审美"口味"，已经成为摆在当代话剧人面前的一道难题。《风雪夜归人》剧组成员迎难而上，秉承文化与时代同步、守正创新、服务于人民的原则，以高超的艺术水准和勇于开拓的时代精神，为全市人民献上了这道舞台戏"大餐"，让人眼前一亮。透过这部作品，我们仿佛听到，当代话剧人喊出的"艺术要传承革新"的铿锵口号；透过这部作品，我们清晰地感受到，当代话剧人为艺术忠诚守护、不懈追求的初心。《风雪夜归人》从开场到结束，自始至终展示给我们的是一种唯美而清新的艺术意境，一个真实而通彻的情感空间。丰富的舞台效果，极具动感和张弛度的表现手法组合叠加，使我们欣喜地看到话剧艺术正以一个崭新的姿态，向着未来前行。

　　《风雪夜归人》的中心人物为魏莲生和玉春，二人出身贫寒，相识并相爱。全剧以这二人的恋情为中心，如画卷般徐徐铺开：画卷中有京剧名伶与官绅姨太、平民百姓与富商官僚、奸逆小人与忠厚邻里等不同角色；也有莲生遭遇"粉戏"风波，在玉春的感召下明白"其实（自己）是有钱人解乏消遣的玩意儿"后，对"人该怎么活着"的反思。在中国封建社会，戏

子和青楼女子都处在社会最底层，是最为卑微弱小的群体。魏莲生和玉春饱受欺压和凌辱，从心底迸发出呐喊与抗争，渴望通过"私奔"到新世界去寻找新生活。这样的挣扎和反抗是那样的苍白无力，最后魏莲生被撵走，玉春被逼成"哑奴"，两人20年遥遥相隔，留给观众良久的思索和无限的感慨。《风雪夜归人》如同一把火炬，照亮旧社会的浑浊黑暗，唤起民众的反抗精神，鼓励他们去摧毁这个腐朽的封建旧制度。话剧将背景设置于抗战时期这个特殊的时代，深刻剖析社会底层人民的苦难生活和官商勾结的黑暗社会，描绘了玉春这个出身青楼的官家四姨太对爱情的渴望和对美好生活的向往与追求，以及出身穷苦的京剧名伶魏莲生的自我觉醒和敢于抗争的精神。该剧给予了主角魏莲生多重身份：一个曾经麻木不仁、后来如梦方醒，敢于向旧制度宣战的勇敢者形象；一个顾影自怜，却又不甘受辱沦落的艺人模样；一个乐善好施、淳朴善良的京戏名角；一个为真爱不顾一切，无所畏惧的新青年形象。通过塑造这些不同形象，从不同的角度对人性进行了审视。剧中的反面角色苏弘基是具有浓烈封建色彩的家长式旧官僚，他靠走私鸦片起家，娶了四房妻妾，伪善自私、卑劣无耻、残酷无情。他表面上疼爱四姨太玉春，却暗中派人监视和软禁她，把玉春当成利益交换的筹码，践踏她的人格与尊严。剧中采用正反两面角色的对比手法，着力刻画出人物性格特征，折射出封建制度统治下旧社会的光怪陆离和众生百态。讲述一段爱情故事在舞台戏剧中已经屡见不鲜，观众容易产生审美疲劳，而当年只有25岁的"剧坛神童"吴祖光，以其卓越的艺术思维和高超的文学创作能力，利用倒叙和时空穿插的写作手法，制造出一种陌生的疏离感，使旧题材焕发出新生与活力。1943年上演的《风雪夜归人》引起业内一片好评，整个山城沸腾起来，观众席场场爆满。今天，我们重温了这段貌似寻常却神圣非凡的爱情故事，对人性有了更深的认知。

一部文学艺术作品想要"走"得更远，依靠的是鲜明而深刻的主题。有很多名著，例如曹禺的《雷雨》、老舍的《茶馆》、易卜生的《玩偶之家》和托尔斯泰的《安娜·卡列尼娜》等，作家都是通过描写、剖析人物的不同遭遇及其心理状态、人性特征，来昭示和批判当时社会旧习俗的丑陋与罪恶。《风雪夜归

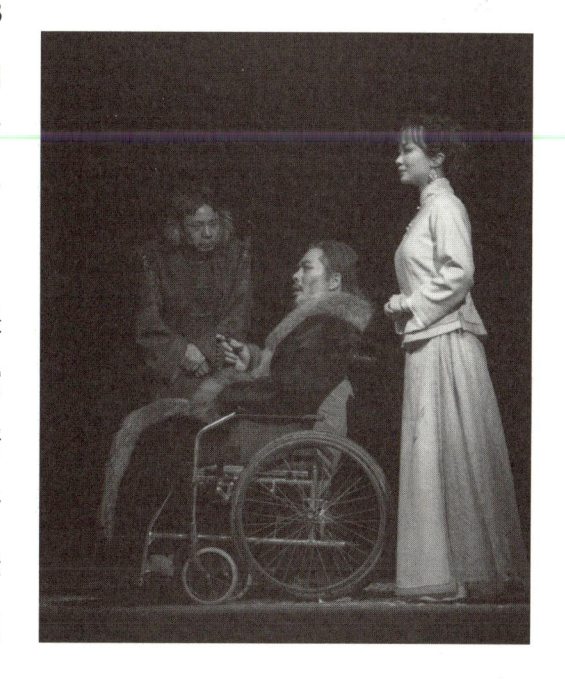

人》通过凄美的爱情故事控诉和声讨旧中国的封建伦理制度，它吹响了"推翻一个旧世界、创造一个新世界"的时代号角，唤起人民为了挣脱封建枷锁的束缚而奋起反抗的勇气和决心，这在当时具有划时代的意义。吴祖光先生站在人民的立场，以笔为剑，刺穿旧中国封建社会的丑恶虚假的面具，在作品中把人性的觉醒、对民众思想的感召和拯救，作为话剧艺术主题的创作突破口，在中华民族危难之时，为饱受欺凌压迫的、挣扎在痛苦边缘的中国人民指出了光明之路。深刻的思想性和强烈的批判性是话剧《风雪夜归人》的最大成就。

党的二十大报告提出，坚守中华文化立场，提炼展示中华文明的精神标识和文化精髓，加快构建中国话语和中国叙事体系，讲好中国故事、传播好中国声音，展现可信、可爱、可敬的中国形象。加强国际传播能力建设，全面提升国际传播效能，形成同我国综合国力和国际地位相匹配的国际话语权。深化文明交流互鉴，推动中华文化更好走向世界。2023年版《风雪夜归人》是该剧首演80年后的再次回归，是"中国话剧黄金岁月精品文旅驻场"演出项目的一次完美展示。精，一方面在于它采用舞台艺术的虚实结合手法，注重人物的细节描述和雕琢，还原剧中不同人物的性格与轮廓；另一方面在于它借助现代化多媒体设备，进行投影、追光、旋转，制造出风雪、云雾、花瓣纷飞中故人相逢的虚幻朦胧场景，激活观众的想象空间和联觉思维。精，还在于话剧中加入了较多的戏曲元素，凸显出强烈的民族性和深厚的文化底蕴；融合历史久远、积淀厚重的戏曲来实现当代话剧的革新，实为发展创新话剧的重要举措。戏曲中字正腔圆、韵致清晰的独白、念白和对白，刚好与话剧的主要表现形式相吻合，而戏曲四要素——唱、念、做、打，也和话剧中程式化的动作表演不谋而合；话剧舞台布景的勾栏瓦舍、园林楼阁，都是生活性极强的设计，让观众有一种身处实景、赏玩戏曲的亲近感。2023年版《风雪夜归人》正是运用了这样虚实结合的手法，吸取了传统戏曲艺术的各种元素和表现方法，凸显出舞台表演的虚拟性、夸张性、梦幻性等非写实的艺术设计，形成中国式民族化的独特风格，极大地提升了话剧的艺术高度和审美价值。

风雪拂尘埃，海棠花又开。愿漫天的风雪拂尽人间的尘埃污垢，圣洁的海棠花永远在人的心灵中盛开。该剧以风雪和海棠花作为首尾呼应的线索，使话剧脉络清晰、头尾相扣，作品结构保持了完美的整体感。在20年后的风雪夜，男女主人公再次重逢的圆满结局，强调和深化了主题。在"雪无声，月露凝霜，风雪夜归人难忘……"歌声中，魏莲生与玉春从舞台正中的彩帘中携手走来，与观众的幸福感和认同感碰撞在了一起，台下响起热烈的掌声和欢呼声。这样的创新设计不仅照映题目，也给了观众一个交代，引起了观众的强烈共鸣。

话剧《风雪夜归人》是一道人性道德法则解析的方程式，是一把指向封建腐朽制度的利剑，是中国话剧民族化发展的优秀典范，更是新时代讲好中国故事的优篇佳作。

话剧民族化进程中自由意志呈现的"温故·知新"
——抗建堂版《风雪夜归人》观后札记

王瑶知　唐忠会（重庆师范大学）

鸦片战争以来，中西方文化开始激烈碰撞，文艺上"国粹派""改良派""崇洋派"论争尤为激烈。就话剧而言，20世纪20年代的"国剧运动"提倡本土化，30年代左翼戏剧界"国防戏剧"对民族英雄进行了塑造，抗战期间大后方创作了120余部多幕剧，其中也多有历史题材的剧目。不难看出，话剧近代史，实则是在阶级、性别和种族的意识形态斗争中承担历史责任，并延续文化传统的民族化发展史。不论是题材选择的民族性倾向，还是表现手法的写意审美追求，现代话剧民族化进程中暗含着对自由意志追求的内核。《风雪夜归人》便是话剧民族化进程中表达自由意志的经典。

《风雪夜归人》（2023版）重回80年前首演的舞台——抗建堂，再现"民国戏子的最后风流",同 80 年里的多版《风雪夜归人》一样,极尽可能地忠于原作,致敬经典,探寻自由的积极动能,再现了一场抗战大后方婉约剧的"奇袭",再现了一场戏中戏对世俗的超越。

一、《风雪夜归人》自由意志的缘起

(一)何种自由?

戴维·米勒认为西方曾出现过三种自由传统:共和主义派的自由传统、自由主义派的自由传统、唯心主义派的自由传统。《风雪夜归人》对自由精神的追求,既不是共和主义派通过对"自由政治共同体"的追求以达到自由,又区别于自由主义派认为的政治终结的地方才有自由,也不是唯心主义派认为的,比共和主义派的自由和自由主义派的自由都更为高级的主体自主自由(即能够遵循自己真正的欲望,不再以反抗外部的形式争取自由),而是同自我内心的阻扰力量和真正本质的斗争。《风雪夜归人》对自由的追求介乎于自由主义派和唯心主义派之间,也是介乎于人体属性和群体自觉之间的探讨。

(二)为何追寻?

吴祖光在《记〈风雪夜归人〉》中曾谈道:"这部戏里没有主角与非主角之分,所有的人物,甚至于全场只叫了一句'妈'的二傻子,都是不可或缺的主角。"这种对日常生活的审美,可以根据贡斯当对古代人的自由和现代人的自由的区分进行审视。现代自由的特征源于"日常生活的兴起"、对私人领域的重视以及对个体属性和权利的强调。《风雪夜归人》在《红拂传》《思凡》《牡丹亭》等经典戏曲的串联下,在爱情发生、发展和消逝的明线下,勾勒了一条魏莲生人格生长的暗线,在对荒淫虚伪的权贵傀儡、卑鄙贪婪的官僚商人和趋炎附势的狗腿子等的辛辣讽刺之中,传递的是民主、平等、宽容、尊重的价值观,是战火中五四精神在大后方的回归。具体而言,这体现在以"自由"为载体上:魏莲生与玉春数次深入交流后,逐渐接受了以因缘际会为外衣、以自

由精神觉醒为内核的精神洗礼，从行为上完成了从"寄生"到"出走"的蜕变；该剧通过对自由意志的探讨表达了对悲苦怜悯的深刻美学追求。

二、温故：自由意志的积极动能

(一)戏中人物塑造的重要一环

自由能够以某种特定的方式成为动力源泉；"天下顶可怜"的人一旦被启蒙，有了"为自己活"的觉醒，反叛精神便由此生长。反叛起初的表现，只是两人"同是天下沦落人"的惺惺相惜和情愫渐生，而终极表现则是以两人相约私奔来完成对被遮蔽的主体性的质询。一代名角魏莲生面对了一场不得不演的"粉戏"屈辱，而袁玉春如牲口般被赠予他人，两人最终在命运的逼迫中迎来情感的冲突、戏剧的高潮。

"好大的世界，我们爱到哪儿去就到哪儿去，……找我们的穷朋友。"柏林在《两种自由的概念》中提道："如果我被别人阻止去做我本来可以去做的事情，那么，在这个程度上，我是不自由的；如果这个空间被别人压缩到某种最低限度之下，那么，我就可以说，我受到强制或奴役。"想而不得和不想而被强迫往往是促成个体对个体权利的追寻的积极动能，由此观之，对自由和理想的追求成为主体对个体属性归置和寻求生而为人的基本权利的积极能量。

(二)婉约剧抒情奇袭的制胜一招

《风雪夜归人》以自由之精神实现了婉约剧的抒情奇袭。"30、40年代是中国话剧的一个黄金时代，许多优秀剧作，不但成功地借鉴西方戏剧的观念和形式，还越来越具有浓郁的中国情调，标志着话剧民族化进程一个较成熟的阶段。"[1]郭沫若的《屈原》、曹禺的《北京人》、老舍和宋之的的《国家至上》、王震之和崔嵬的《八百壮士》、夏衍和胡春冰的《黄花岗》等，都是该时期振臂疾呼的抗战"主旋律"话剧。而《风雪夜归人》是吴祖光在其《凤凰城》《正气歌》两部抗战题材话剧基础上创作的标准五幕剧，它企图摆脱潮流支配，在国民党舆论钳制和政治高压下，无疑是一次"出走"反抗，话剧的主题和剧情与抗战和政治并无直接关联，因而葆有艺术真实性。话剧的主线探索了魏莲生和玉春对自由的追寻，映射了时代洪流中个体对主体性的探寻和反思，葆有情感真实性。

---

[1] 曹蕾.中西戏剧"写实"与"写意"的融合——论《风雪夜归人》兼看话剧的民族化进程[J].艺术百家,2005(6):47.

吴祖光先生对时代的关注重心向中国社会现实内转,而他对时代特征的认识也更具概括性,超越了具体的历史时段,这都显示了吴祖光先生时代观的深化。[①]《风雪夜归人》的"出走"是对话剧"多义性"的一场"增补",是对宏大叙事背后的不确定性的进一步书写,更是时代潮流下的冷静哲思。

(三)戏中戏超越世俗的关键一步

《风雪夜归人》对世俗的超越性,不仅体现在它潜意识中深植了传统写意观念,具有"鸳鸯蝴蝶派"的意蕴,还体现在世俗性与超越性的兼容上,通过对所谓的"名伶"和"姨太太"之间噱头十足的爱情故事的描画,把握住了市民文学的审美核心特征;同时又在艺术民族性的回归之中避免了对小市民情调的刻意迎合,文艺复兴式地借古喻今,"写的是最下贱的人的最高贵的品质,写生活和生命的意义"[②]。

与此同时,《风雪夜归人》还具有不落俗套的革命性,它不落窠臼,呈现了主人公革命的不彻底性,试图通过对自由意志的刻画和追寻来唤醒麻木的民众。

周恩来总理前后七次观剧,认为其具有现实批判意义,还多次提出修改意见,尤其是对玉春的结局的处理,原作的结局是玉春被作为礼物赠予徐辅成后,最终被规训为温顺管家婆。我们当下看到的多种形式改编的《风雪夜归人》中的玉春的结局多是周恩来总理提议修改后的版本。"总理十分严肃郑重地批评说:'这不符合事物发展的规律,应当修改。改起来是很容易的,对于玉春的结局只在于剧中'尾声'部分的二十年后徐辅成重访苏宏基时的口头叙述,用几句话便可以交待清楚的。'"[③]

玉春结局的变与不变,对于艺术家和政治家来说,其背后的"革命性"的彻底程度是显然不同的。在抗建堂版《风雪夜归人》中驻足回望,该剧以一双"绣花鞋"呈现玉春结局,不仅带有重庆的韵味,还在留白的同时中和了政治色彩和文艺色彩,玉春是坚守着还是妥协了,这个问题留待当代观众"温故"之后在各自的视野中去"填空"。

---

① 钱理群."独怜风雪夜归人"[J].读书,2003(9):60.
② 吴祖光.曾经有过这样一位总理——为重演话剧《风雪夜归人》作[J].瞭望,1982(6):16.
③ 吴祖光.曾经有过这样一位总理——为重演话剧《风雪夜归人》作[J].瞭望,1982(6):17.

三、知新：盲目自由的高度警惕

《风雪夜归人》对自由的追求处于一种缺乏干预的状态，具有盲目性。正是对缺乏规则的自由的追求，产生了以生命为代价来抵抗的悲剧：私奔计划被狗腿子王新贵告密，有情人被拆散，才子泯然众人，佳人终成他人妇，命运悲剧一连串。一方面，即便是具有忍无可忍、无须再忍的英雄气概，主体始终缺乏对现实的分析和考虑，一定程度上显得"虚假"；另一方面，即便多个版本的女主角扮演者竭尽所能来饰演这个角色，从人物原型设定看，女主角在"启蒙者""革命者""御者妇"等符号拼贴中缺乏对自由的理性思考，真正的自由必须是正确指导下的一种状态，根本上区别于偶然出现的欲望的导引，因而作为"引路人"的女主角在一定程度上也是"失真"的。

值得警惕的是，这种对个体属性的自由的高尚与否的探讨，容易陷入一种"限制自由是为了更好的自由"的循环论之中，其盲目而缺乏指导的抵抗性又容易被极权政治所利用。汉娜·阿伦特认为："唯心主义自由观由于将注意力集中在个人内心世界，将自由视为某种自我的状态，它因此忽略了公共领域的制度设定，而正是这些制度设定保障人们在现实世界的自由免受极权主义式专制主义的威胁。"[1]越是以出走和逃离的方式追寻自由，反而越容易被黑恶势力把持，自由反而受到了威胁。

《风雪夜归人》（2023年版）的华丽谢幕中，从配角到主角的出场，再从主角到配角的回顾，一层层幕布拉开又关闭，对自由精神的懵懂探讨，也在这层层帷幕之下，促使观众不断质询到底什么是真正的自由。是欲望引导下的自由还是理性状态下的自由？是一种缺乏干预的状态还是以某种方式来行动的力量和能力？是作为个体的一种属性和权利还是芸芸众生的集体性自觉？

或许，自由就在于以艺术作为自由意志的武器，在"人生不相见，动如参与商"的悲剧宿命论中，即便没有自由的能力，也拥有自由的可能性。

---

[1]转引自：李强.自由主义[M].北京：东方出版社，2015：171.

《风雪夜归人》(2023年版)：八十年后的风雪再起

殷孝园　唐忠会（重庆师范大学）

"日暮苍山远，天寒白屋贫。柴门闻犬吠，风雪夜归人。"戏剧大师吴祖光先生巧用唐诗化名，以极具浪漫主义色彩的笔触创作出这部经典作品，通过对名伶魏莲生及其身边各阶层人物生存状态的描绘，展开对人性的深刻分析、对人生价值和尊严的思考。时隔80年，《风雪夜归人》(2023年版)回归重庆抗建堂舞台，再现"戏梦人生"之下的觉醒和抗争。

一、风雪中的人性价值

本剧从表面上看是戏子与姨太太的情爱戏码，实则不落俗套，其里层是对人性的立体呈现。吴祖光先生笔下的每个人物都具有其典型性，正如吴祖光所说：在《风雪夜归人》这部戏里，没有主角与配角之分，所有人物，都是不可或缺的主角。

台上是热闹繁华，台下是辛酸无奈，台上扮佳丽，台下真男人，在时局动荡的年代，魏莲生伶人这一身份，注定了其悲剧性。吴祖光先生在《记〈风雪夜归人〉》中曾谈到他的伶人朋友的悲剧命运：在大红大紫的背后，是世人看不见的贫苦；在轻颦浅笑的底面，是世人体会

不出的辛酸。作为红极一时的名旦，莲生有着令人追捧的音色，吸引众多达官显贵，同时他又善良淳朴、不谙世事，遇到贫苦之人竭力帮助。他是贵人们的金丝雀，也是穷人们的救世主，但却唯独不是自己。直到玉春闯入他的生活，打破了这虚无的浮华。"我们是顶可怜的人……顶可怜的不就是自己不知道自己可怜的人吗？"玉春让莲生从麻木中醒来，去追求自由的生活，去找寻真正的自己。经过玉春的感染和"粉戏"的侮辱，莲生经历了无知沉迷、痛苦觉醒、勇敢抗争三个阶段的思想变化。

剧中另一个"金丝雀"玉春，以莲生"启蒙者"的身份出现，是旧时代中接受新思想却无力挣脱牢笼的典型女性。玉春身世坎坷，从烟花之地到苏弘基家中，再到徐辅成家中，始终辗转于囚笼，不得自由，但是这一位风尘女子却有着清醒的自我意识，接受五四运动所提倡的自由、平等和独立的新思想。她与莲生相约出逃；被当作"玩物"送给徐辅成后，以沉默来反抗……玉春始终以自己的方式对抗着人物身份的牢笼、封建社会的压迫。这样的人物设定不免令人联想到易卜生《玩偶之家》中的娜拉，她们都是觉醒的女性形象，虽然都以悲剧收场，但在其精神层面无疑是成功的。玉春，作为启蒙者点醒了无知的莲生，两人互为知己，精神上相互救赎。看到娇艳的海棠花开进了屋里，玉春问，"莲生讨厌吗？"莲生答"不讨厌"，并摘了一枝别在玉春发间。剧中的海棠花，是自由的象征，是人性价值的象征。海棠都在极力绽放，蔓入屋中，人又怎能甘于困在囚笼？开进屋中的海棠，让困在黑屋中的人看到了人生的希望。

剧中的其他人物也非常鲜活，如虚伪狡猾、知法犯法的为官者苏弘基和徐辅成，见利忘义、阿谀逢迎的"职场人"王新贵，将自己的理想寄托于他人的"身边人"李蓉生，为了生活而生活的可怜人马大婶……他们的人性价值，放在80年后的今天依然立体，真实可信。

二、风雪中的生命真谛

什么是好日子？什么是苦日子？什么是高贵？什么是卑贱？人活着的意义是什么？人应该怎么活着？《风雪夜归人》（2023年版）以魏莲生为中心所辐射的各个阶层人物的生活状态以不同的答案，回答了上述这些问题，其中莲生与玉春所追寻的自由与尊严，是最核心的答案。

吴祖光先生对剧本中不同阶层人物的思想的了解，离不开其真实的生活体验，伶人朋友刘盛莲和清末著名乾旦魏长生给他的创作带来了灵感，前者没有自己的独立人格，不知道为自己而活，后者则从名旦沦为流浪汉，吴祖光据此创作出了追求自由、尊严，找寻生活意义的魏莲生。家庭富裕却不爱念书，而是爱听戏的陈祥，是吴祖光先生自己的写照。在动荡的年代中，马大婶、王新贵这样的人物多不胜数。恨时局之黑暗、哀民生之多艰，让身处其中的吴祖光对怎样生活、对生命的真谛进行深入思考，他期望麻木无知的人们能够幡然醒悟，过上真正的好日子。

《风雪夜归人》（2023年版）关注的不仅有爱情自由，精神自由更是贯穿始终的主题。精神自由是一个普遍性的关于生命的永恒话题，不论在什么年代都是人们孜孜不倦追求的目标。尽管身陷牢笼，但觉醒后的莲生与玉春获得了精神的自由，精神自由后才能进一步探寻人生的价值和感悟生命的真谛。

正如吴祖光先生所言，"我这个戏是在什么时代呢？是永无止境的人生中的一个段落"。自由、平等、尊严及生活意义、生命价值等话题，不管在哪个时代都值得探讨。

三、风雪中的诗意呈现

海德格尔认为,一切艺术本质上都是诗。从剧名到剧情,《风雪夜归人》都是一部极富诗意的现实主义戏剧,同时,2023年版《风雪夜归人》又通过柔和的光线、低强度的情绪表达、诗意化的舞美,增强了该剧的浪漫气息。

莲生和玉春在花园就两颗星星展开了对话:一个由东边出来,一个打西边儿下去,两颗星星挂在一个天上,可是一千年过去了,一万年过去了,自从盘古开天地,它们俩从来也没有见过面。这是以充满诗性的话剧语言,体现了玉春对人性解放的渴望,同时暗喻了两人的悲剧结尾。莲生对天空大喊:"好大的城……好多的人……好难过的年月……好热闹的世界……可是这一场大雪把什么都盖住了……雪下得不够……还得下……还得下……"雪,是莲生对自由的向往,皑皑白雪盖住了旧社会的黑暗,这充分展现了《风雪夜归人》独特的社会批判性。

剧中,野蛮生长的海棠,随风舞蹈的雪花,都是以充满诗性和浪漫化的艺术处理奏响了这曲戏梦人生的悲歌。不同的是,2023年版的《风雪夜归人》给予了魏莲生与玉春一个理想化的结局,将二十年后莲生终逝于风雪之中和玉春失踪于风雪之中的结局,改为莲生嗓音如旧重唱名曲,两人重逢于风雪之中,给观众留下些许想象空间。

《风雪夜归人》于1943年在重庆抗建堂首演,80年后在同一地点作为经典抗战话剧重归舞台,呈现了大风大雪里的清寒,展现了乱世之中伶人的波折境遇,向今天的人们演绎了曾经风雪中夜归人的故事。

雪无声、月露凝,霜风雪夜、归人难忘……

浅谈《风雪夜归人》的自由与尊严

陈利娜(重庆师范大学)

话剧《风雪夜归人》(2023年版)重归重庆抗建堂剧场,重现于80年前的首演舞台,致敬了经典,带给了观众许多感动和回忆。该话剧由著名剧作家吴祖光先生创作于1942年,周恩来总理是这部剧的忠实观众。当时,中国正处于日寇的铁蹄之下,民国政府风雨飘摇,吴祖光却在这样一个时期讲述了一个姨太太和名伶私奔出走,最终被拆散的悲剧故事。自我意识觉醒的官家姨太太玉春,用自己的言语唤醒了攀附权贵而不知、实乃"金丝雀"的名伶魏莲生。两人看似"不道德"的爱情悲剧折射出了社会底层小人物的身不由己和对当时国统区反动统治的批判。魏莲生为了心中崇高的自由,流亡境外多年;玉春被人禁锢自由,行尸走肉般度日如年。爱情不过是话剧表面的浮华,自由和尊严的主题才是话剧所要表达的风骨。

一、"柴门闻犬吠,风雪夜归人"

这是唐代诗人刘长卿的《逢雪宿芙蓉山主人》一诗的诗句。编剧吴祖光先生用剧作深化了诗句的意境。话剧导演陈健骊生动地用舞美场景建构了比诗句更广阔的世界。在茫茫大雪中,在天地万物之间,在诗意的世界里,人生苍凉的底蕴、爱情的无常与命运的变迁似乎有了答案。

《风雪夜归人》的主人公"魏莲生"的名字是由魏长生和刘盛莲两个名字组合而成。魏长生是清代名旦，盛极而衰，最终贫无以葬；刘盛莲是吴祖光先生年少时所追捧的名旦，但最终英年早逝。魏莲生这个人物是吴祖光对自身经验审视后的设计。魏莲生和玉春有着共同的底层身份，一个是三教九流中的戏子，一个是任人买卖的官家姨太太，两人同时享受着虚幻的荣华。但当他们意识到自己所有的自由和尊贵不过是仰人鼻息、寄人篱下，他们自己不过是权贵的玩物，可以随意取笑和买卖时，眼前的富贵尊荣便成了对他们自身的一种精神折磨。

话剧拉开序幕时，苍茫茫的大雪中一位老爷喃喃自语："我错了吗？难道我真的错了吗？"这为整部话剧埋下了悬念。最后物是人非，20年后故人归来时，舞台上的灯光熄灭，幕布渐渐拉开，观众看见在大雪飞扬中的玉春找到了一直牵挂的魏莲生。在银装素裹、似梦似幻、大雪纷飞的世界里，在苍茫凄美的意境里，他们终于在一起了。他们仿佛离我们很近，又似乎很远。玉春与魏莲生穿越了时间和空间，来到了我们面前。《风雪夜归人》80年的光阴似乎如一缕青烟，缓缓从心口掠过。分不清真与假，看不清对与错，不愿辨清实与虚，与他们两人一起沉浸在悲伤里，久久不愿离去。

二、旧壶装新酒，海棠开新花

话剧《风雪夜归人》自首演至今已经有80年的历史。80年间，日新月异，《风雪夜归人》不断地更新变换着舞美形式，只为更好地讲好这个故事。2023年版本在内容和形式方面具有不少创新之处。首先，陈健骊导演以经典剧本为基础，将20万字的剧本整理浓缩为2万字。在台词方面省略一些不重要的日常对话，所保留下的人物对话具有含蓄性、意蕴性。例如玉春对魏莲生说："世上的珍珠宝石虽说不少，可是常常让泥沙给埋住了，永远出不了头。其实，叫它返本归元，再发光放亮，可也不算难事。"此时的玉春仿佛一位"教母"，不断地对魏莲生进行精神上的洗礼。相较于最初的版本，2023年版丰富了玉春的人设，初版中只写了玉春来自贫苦人家，2023年版交代了"玉春小姐来自大户人家，但家道中落才入了行"，这丰富了原作的人物背景，也为"玉春"这样一个风尘女子说出"顶可怜的不就是自己不知道自己可怜的人吗？"这样一句颇有深意的话做了注脚，使其显得没有那么突兀。

其次，它打破了过去版本的传统单一的舞台形式，设计的舞台非常有特色：结构复杂精美的2层小洋楼，多维呈现的表演空间，360度旋转的舞台，细节满满的道具陈设。用漫天飘零的雪花、纷飞的海棠,给观众带来无限遐想。话剧导演陈健骊对此做了说明:"我虚实结合了一下,我把魏莲生的主角形象给放大了,戏台也做了一些装饰性的东西。因为我觉得舞台艺术来源于生活,也必须高于生活。"

三、自由与尊严,两者不可抛

"生存还是毁灭?这是个问题。"这句话也同样适用于魏莲生。魏莲生和玉春都出身底层,生活在兵荒马乱的抗战年代。是继续沦为权贵解闷的玩具,还是冲破桎梏,有尊严地"带有圣者风度"独立于世?"风骨自持"与"谋生自保",这是一对难以平衡的矛盾。话剧的终篇给了观众一个美好的幻境:玉春与魏莲生相拥,一如他们初见时美好的模样。显然,这是编创者的美好期许,而现实中,莲生注定死在了某个凄凉的夜晚,孤独地走向毁灭。他放弃了锦衣玉食的生活,选择了更崇高的"自由"和"尊严"。

这部剧谈的是全人类共同的主题——自由。正如吴祖光在序幕中所言:"看戏的人常要知道每一个戏演的是什么时代,什么地方的故事。我这个戏是在什么时代呢?是永无止境的人生中的一个段落。那时代,也许可以算是刚刚过去,也许还没有完全过去。"经典是值得反复玩味的,其中所蕴含的哲理寓意让我们常看常新。今天,我们对自由和尊严的向往仍在继续。一个人、一个民族、一个国家无论在何种境遇下都要保持精神的独立和自由。唯有这样,才能把握自己的未来,不会有那么多的悲剧和遗憾。

《风雪夜归人》:从傀儡的人生中逃离,也是一种青春的意义

赵勇(重庆邮电大学)

人间四月天,本是莺飞燕舞的季节。而纯阳洞13号,一阵凛冬之风从舞台深处蔓延而来,让走出剧场后的观众依然能感受到一丝寒意,郁结的情绪更加沉重。吴祖光先生创作于1942年的经典话剧《风雪夜归人》中,男主角魏莲生,戏剧名伶,事业如日中天,女主角玉春,"豪门"姨太,养尊处优。但在这姹紫嫣红的"浮华"之中,他们"惊蛰"一般,被一种人生的真相刺痛:春风得意,青春作伴,生活的美好,不应该建立在傀儡一样的浮华人生之上。

"经典抗战话剧排演工程"启动后,重庆话剧团计划五年内,精选5到6部在抗建堂演出史中影响深远的话剧作品,潜心打磨,复排复演。《雾重庆》作为第一个启动项目,自2021年在全国话剧展演季亮相以来,好评不断,目前正在北京等地巡演。《风雪夜归人》也紧锣密鼓地"追"上来。

经典戏剧复排,如何与时代对话,让历史的回响敲击现代观众的心灵,是压在每个创作团队肩上的重大课题,以"战火中的青春"作为项目创演切入点,是个不错的选择。《雾重庆》中,一群流落于重庆的有志青年将爱情和友情的航标放在历史苍茫的沉浮中。他们相信选择好和坚守好自己的信仰道路,是对青春底色最好的定义。而在《风雪夜归人》中,吴祖光改变了"姨太太爱上戏子的恋爱套路",让启蒙与自我省察成为爱情的动力。

该剧叙事重心主要置于戏班"后台"与苏公馆"金屋"两个戏剧空间中。这两个空间存在着性别空间、启蒙空间、隐喻空间等诸多空间话语的同构和异构。

为了避免将男扮女的传统旦角表演奇观化,该剧将魏莲生"表演"的舞台放在幕后,而

将戏班子的"后台"作为剧场的前台展示给观众。这样的处理其实是放弃了"戏中戏"这样更讨巧的结构方式,从而将主要的戏份用在展现魏莲生对"真实"身份的省察上来。当他在戏台上时,人们叫好不断,有时候不免让他恍惚,正如玉春对他善意的揶揄,说他像个救世主。他在帮助邻居马大婶救儿子和给旧相识王新贵安排工作上的热心,是一种有"良心"的行为,但有时候不免有意无意地炫耀起自己结交显贵的本事,以满足一点儿虚荣之心。这使得他产生了一种权力分享的幻觉。若故事呈现魏莲生戏台的演出,自然会增加演员跨界表演的难度,而编导似乎也不愿意看到魏莲生在舞台角色中获得那种"傀儡"似的虚假愉悦。

魏莲生一旦走到后台,便被一种疲惫感和无名的焦虑所包围。这个后台本来只供给演职员专用,但其实任何人都可进来。游手好闲的大学生陈祥带着女眷来追星、邻居马大婶来苦苦相求、王新贵来此投机求工作、苏弘基带着徐辅成来"探班"……他们肆无忌惮地闯入,挤占魏莲生仅剩的一点空间。魏莲生作为名角,有自己相对独立的休息室兼化妆间,这个空间本就局促,也没有真正的私人性可言。魏莲生一直处于不能"自处"的打扰中,不但身体得不到真正的休息,"享受孤独"更是一种奢望。他从没有真正拥有过属于自己的时间,因此便也一直没有机会自我反思和省察。这种疲惫是魏莲生未泯的自由意志不能释放而传递给身心的感受。他虽有盛名,但却没有自己独立的生存空间、思考空间,他没办法以青春的自由去裁决自己的人生。

玉春是一个女性启蒙者,正是她激活了魏莲生对生命价值的重新评估。这是剧本作者吴祖光的创造性发挥。玉春被金屋藏娇,生活在一个极为隐秘的阁楼,与魏莲生"热闹"的后台空间相反,那里很少有人打扰。这本来是对女性自由的囚禁,但是玉春这个灵动的女子却能耐得住寂寞,并得以静心思考人生的意义和去路。这样的空间是魏莲生非常向往的。这一点只有玉春最懂。所以当魏莲生借给苏家唱戏的机会第一次来这里见玉春的时候,她以俏皮的语言问他来的时候是否被幽深的庭院迷乱了方寸,以此缓解他们"私会"的紧张感。"这个小楼真好。""怎么好?""前头的锣鼓家伙声音,到这儿一点儿都听不见了。""你是说这儿清静?""是。"就是在这个空间,玉春先是试探,后直接点明他们共同的社会地位:在达官贵人那里,他们只不过是人家任意摆布的"小玩意儿"。

本次创演基本尊重原作,只在"唱粉戏"的情节上有改动。为了讨好看客渲染香艳的情色场面作为一种陈规陋习,已经在民国新戏改革中被禁止。腐败官僚苏弘基临时要求魏莲生唱粉戏,不仅是对旦角演员的一种身份羞辱,更是要借此挟制魏莲生为己所用。这加速了魏莲生的自我觉醒,让他认识到,自己与玉春的爱情是建立在自由的牺牲之上的。这场粉戏是通过对白暗示的。玉春的房间有一处假山很隔音,她没有去看戏,无法实时听到魏莲生的粉戏。但她依然能体会这种切身的屈辱。无论是戏院的"后台"还是苏公馆的"金屋"都只是他们各自暂时寄身的场所,或"闹",或"静",都是服务于达官显贵的空间审美,都不是他们自己的选择。苏弘基与徐辅成在这里完成无耻的利益交易,而玉春和魏莲生只不过是这个环节中随意抛售的筹码和掩护而已。

他们最后的出逃计划,因为王新贵的出卖而失败。魏莲生被驱逐,玉春被转赠给徐辅成。他们没能在一起,之后也依然没有赢得自己的方寸之地。他们被迫成了自己土地上的流浪者和失语者。这是一场社会的悲剧。悲剧的价值不在于他们最终不能相守甚至相见,而在于在觉醒和抗争的意义上,他们没有成功。扮演自己的角色,自主地选择人生之路,这是对自由的觉醒和追求,也是能穿过历史时空,足以感动我们的地方。正如,吴祖光先生所说,"那时代也许可以算是刚刚过去了,也许还没有完全过去,然而那时所发生的故事却也许不免在将来重演,因为时代纵易,江山纵改,人性却是常常不移的"。

重庆民间川剧艺人群体的从艺经历研究

谭斯颖

(重庆文理学院非遗研究中心)

【摘要】本文以重庆地区民间川剧艺人为考察对象,以个人口述史的方法进行研究。本研究认为,时下重庆川剧表演市场的60后现象是川剧在改革开放40多年以来曲折发展的缩影。在市场化和全球化的背景下,传统戏曲的表演空间不断萎缩,民间川剧艺人为生存而不断地进行自我调适。此外,60后现象折射了川剧民间传承人青黄不接的现状,处于复苏阶段的川剧正面临着可持续发展的考验。

【关键词】川剧;民间艺人;从艺经历;60后

引言

川剧,是川渝地区最具代表性的传统戏曲类型,也是川渝地区最具地方性特色的文化标志。它于2006年入选了我国首批国家级非物质文化遗产代表性项目名录。川剧的实践主体包括两种人群:一种是体制内的表演者,一种是体制外的表演者。体制内的表演者,特别是荣膺"国家级非遗传承人"称号的传承人以及获得"梅花奖"的表演者、剧作家等不乏学者关注。以成都大学的万平、刘咏涛等为代表的研究者,在过去5年里对川渝地区的百多位川剧艺术家进行了采访,为川剧艺术家群体积累了丰厚的口述史文献材料。但体制外的民间川剧艺人群体迄今仍显得面目模糊。

正巧,2019年3月,笔者所在单位承办了重庆市第三届川剧培训班。培训班集合了当时重庆市各区县的川剧传承人以及重庆市民营剧团的代表人物。培训班的60个学员中,20人为在校大学生,20人为当地专业川剧团的表演者,还有20人为重庆市的民间川剧艺人。据了解,这20名民间川剧艺人是目前重庆川剧表演市场上最活跃的一群人。有意思的是,这20名民间艺人均是60后。这一现象引起了笔者的关注。众所周知,近些年来,中国演艺界低龄化现象日益突出,电视台、网络等媒体上涌现了一大批低龄的"流量明星"。而同是表演行业竞争者的川剧,为何是平均年龄超过50岁的60后当道?与体制内的川剧演员相比,民间川剧艺人走的是怎样的从艺道路?这是笔者关心的问题。

针对这两个问题,笔者利用培训的机会与目前活跃在重庆川剧表演市场中的民间川剧艺人龙群、叶晓玲、段小兰、李芳、许二哥等20人进行了几次座谈[①],并对其中几位演员进行了深入的访谈。通过多次访谈,笔者发现,这些民间川剧艺人的个人遭遇与川剧在改革开放40多年以来的发展历程呈镜像的关系。

一、20世纪80年代:川剧的复兴时期

川剧在新中国成立后历经了多次变迁:20世纪60年代繁荣,"文革"十年(1966—1976)沉寂,80年代初短暂复兴,80年代中后期区县一级的川剧团解散,90年代萧条,21世纪开始逐步恢复正常。目前活跃在重庆市艺术表演市场中的60后民间川剧艺人,正是得益于80年代初期短暂复兴的这次机遇。这次的短暂复兴为他们提供了接触川剧以及接受川剧培训的机会。

80年代初期的川剧复兴与邓小平有莫大关联。在川剧界流传着这么一则轶事。邓小平1978年赴尼泊尔进行国事访问时,在成都作了短暂停留。当时的四川省工作人员欲给邓小平一行接风洗尘,询问邓小平想看什么节目。邓小平提出想看家乡戏。连续3天,他看了12个传统剧目的川剧表演。自"文革"以来中断了多年的传统川剧,在领导人的关怀下得以回归舞台。同年5月,成都市川剧院正式恢复,下设一团和二团,四川省现代川剧团更名为四川省川剧院。自此,川剧开始逐步正常化。1978年12月,党的十一届三中全会召开,国家处于百业待兴的状态。国家建设的基本要求是物质文明和精神文明双管齐下,两手都要抓。发扬传统文化是当时从国家到民间的集体共识,戏曲界也迎来了春天。自70年代末开始,四川省各区县为恢复川剧团,从中小学挑选具有文艺天赋的学生进入地区川剧培训班学习。当时,重庆市仍未从四川省划分出去,以四川东部区域的身份参与了这场川剧复兴运动。1982年7月,中共四川省党委发出"振兴川剧"的号召,是80年代初川剧短暂复兴的一个标

---

① 座谈会时间:2019年1—3月。地点:重庆文理学院重庆文化遗产学院。

志性事件。重庆市川剧院的当家花旦沈铁梅以及活跃在重庆市民间川剧市场上的龙群川剧团、双碑民营剧团的大部分从业者，都是1979—1982年专业培训或短期集训班的学员。

60后的民间川剧艺人在这一时期开始结缘川剧。为了更真实地还原他们进入川剧行业的机缘以及当时培训班的日常生活场景，下面笔者将以口述史的方式记述。

口述者一：龙群，龙群川剧团团长，51岁。

除了我一个，我们家都没有唱戏的，我父母以前都是商业公司的员工。我可以说是我们家的第一代川剧人。

1979年，璧山县川剧团要重新恢复，我们县文化局的领导和川剧团团长到各大中小学来选苗子。那个时候我还不到11岁，嗓子好，长得也乖巧。当时还是计划经济时代，不像现在机会那么多，找到稳定的工作是很不容易的事情，所以每逢国家单位到学校选拔特长生或尖子生，很多人都会去报名。川剧团招人这一消息公布后，有几百人排着队前来报名，最后我被选上了。沈铁梅也是同一年考入的川剧团。尔后，我就和其他20多名考入璧山县川剧团的学员一同到重庆市的大渡口区川剧培训班去培训。重庆市不同区县的川剧团在不同的培训地点进行集训。一个培训班总共二三十名学员，约1/3的学员学习乐器，约2/3的学员学习唱腔和表演。学员们从进入培训班后就开始领工资，一毕业便可转正。在计划经济时代，能吃公粮是很多人羡慕的事。学员平均年龄在11—20岁之间。学习做打念唱的表演者年纪不能超过15岁，否则身体就不够柔软了，不好练功，所以学唱腔和表演的学员多是10岁到13岁的孩子；学习乐器的年纪稍长，但基本上不超过20岁。

进入培训班后，我们每天早上四点半起床，五点准时到江边练嗓子。练半个小时后回来刷牙洗脸，然后到课堂上课。第一堂课是练功，扣腿。当时条件简陋，我们用长板凳压腿。练腿过后，就练腰。翻跟斗是我们这些小学员最喜欢的，好耍。上午练功，中间夹杂着文化课，文化课主要学历史，没有语文课。下午是表演课。表演课我们练习走台步等。晚上九点宿舍关灯。每天都这样，星期六、星期天休息。待毕业考试时，培训班的学员能翻20个跟头，腿"上道板"半个小时以上才能算出师。对于我们这些幕前的表演班学员，毕业的大戏是演一出《白蛇传》。这出戏特别考验旦角的实力，从舟船借伞到盗仙草等桥段，其中穿插了闺门旦、花旦、武旦等不同旦角角色。年纪大一点，翻跟斗会吃力，所以这出戏比较适合年轻人演。当时13岁的我初生牛犊不怕虎，能唱能打，能文能武，老师对我的表演还是肯定的。现在我50多岁了，还可以演这种能文能武的全面旦角，这多亏那3年的"童子功"。

口述者二：李芳，54岁。

我是1965年生人，1980年进入大足县川剧团，那时我才15岁。我们那一代人是很不好找工作的，正好赶上知青回城。读高中和大学都要推荐，女孩子读到初中就算高学历了。我那时不到80斤，又瘦又矮，母亲担心我以后找不到工作。后来打听到大足县川剧团在招生，所以母亲干脆送我去唱戏。我就是这样和川剧结的缘。我当时在大足培训了几个月就出来了。我们剧团当时有40多个人，女多男少，男生不到10人。我们剧团的年轻学员基本上都是以唱代学，我也是在实践中学会的川剧。

龙群和李芳的口述反映了这样的历史现实：他们能够进入川剧团，是因为在川剧振兴背景下，各区县川剧团开始恢复或扩编队伍。这些60后的川剧艺人们都是在青少年时期进入的剧团。他们进入剧团几乎都是为了端个"铁饭碗"。龙群回忆道："我进入川剧培训班后就开始领工资了。刚开始，工资15元一个月，还有35斤粮票。对于青少年时期的我们而言，这是一笔不小的收入。"当时，中国大部分的家庭都有几个孩子，会让孩子尽早出来工作，养家糊口。这些十几岁就考入川剧团并开始领工资的学员无疑是幸运儿。一来他们可以摆脱繁重的农业劳动，二来他们可以比同龄人更早地替家里减轻负担。

龙群和李芳代表的是那个时期川剧学徒的两种类型：一个是经过3年专业培训的，一个是经过几个月集训的。学习时间的长短在很大程度上取决于该区县川剧团所配给的资金的多少。前者基本上是重庆主城区及附近区县的川剧团招的学员，后者则多是较偏远的区县的川剧团招的学员。短期集训出来的川剧演员，基本功并不扎实，唱功也不太好。现担任一家民营剧团团长的龙群直言不讳，"目前，重庆民间川剧艺人能胜任旦角和小生角色的演员不超过10人"。

好景不长，这些川剧团的小学员们没有想到短短两三年后，他们的"铁饭碗"就被打破了。他们没有系统地学习文化课，所以文化层次较低，再加上没有学习其他职业技能，他们在区县川剧团解散后一时间难以融入社会。

二、20世纪90年代："火把剧团"的兴与衰

从某种程度而言，80年代初的川剧复兴是建立在行政指令的基础上的，并不具备市场基础，所以这也为80年代中后期川渝地区区县川剧团相继解散埋下了伏笔。到了80年代中期，几乎没有一家川剧团不面临"断粮"的艰难处境。一方面，改革开放初期国力尚弱，无

法"养"这么多文艺表演单位；另一方面，观众越来越不买账。其中很大一部分原因是"文革"八大样板戏带来的审美疲劳。"文革"期间，很多川剧老艺术家陆续过世，许多经典剧目随着他们的离去而自然消亡，这导致剧目创作无法推陈出新，观众对八大样板戏模式化的川剧表演已经失去了兴趣。演一场亏一场的现实处境，让川剧团难以维系。从1984年开始，川渝地区区县一级的川剧团先后解散。整个川渝地区在1984—1988年间解散了100多家川剧团。一个川剧团平均有30人的编制，这就意味着当时有几千名川剧团职工下岗。前面提到的龙群是在1985年离开璧山县川剧团的，李芳在1986年离开了大足县川剧团。很多川剧演员离开川剧团时还未到18周岁。为了顺利转业，有的年轻演员甚至把年龄报高了两三岁。父母在单位上班的学员相对幸运一些，他们从剧团出来后可以到他们父母的单位上班，当时的说法叫"接班"。而更多的学员不得不自谋出路。

所谓"塞翁失马，焉知非福"，国营川剧团的解散反倒促进了民营川剧团的涌现。几乎在区县川剧团解散的同一时期，市场上出现了很多民营川剧团。这些自负盈亏的民营川剧团在当时被称为"火把剧团"。这些"火把剧团"的成员基本都是刚从国营川剧团离开的川剧演员们。大多数"火把剧团"由一两个有经验的老乐师或老演员当领队，把年轻的演员们集合在一起，靠售票的方式维持剧团运营。80年代初的"川剧振兴"实践使传统川剧重新回归四川人民的日常生活，这些实践活动事实上起到了一种潜移默化的市场培育作用，为民营川剧团在80年代末90年代初带来了短暂繁荣的机遇。

李芳当时也是"火把剧团"中的一员。她回忆道：

大概是1986年，大足县川剧团就解散了。我才20岁出头，除了唱戏啥也不会。出来后，我到处找剧团帮人唱戏。80年代末90年代初，各个民营剧团的经营情况还比较不错，一场戏我们还能卖出去两三百张票。当时人们的文化娱乐活动不太多，虽然不少家庭已经有了电视机，但电视上没几个频道，大部分人还没有手机，所以我们还有生存的余地。

90年代初期，重庆市区自负盈亏的剧团至少有14个。那个时候我们这些"火把剧团"经常能遇到，然后以戏比武，类似今天的歌手大赛，竞争好不激烈。记得有一次，我们在国泰剧场演出，演出了3天。各个剧团都拿出看家本领，在台上斗戏，那个场面真是热闹，台下的观众看得也过瘾，叫好声不断。后来就很难看到这么精彩的场面了。

"火把剧团"的热闹景象也只持续了三四年。民营川剧团的命运与市场荣衰息息相关。进入90年代中期，因观众不断流失，很多小剧团在市场中被淘汰了。

和重庆市川剧院那些体制内的专业川剧演员不同，市场对我们特别残酷。到了1994年，很多小剧团的票就卖不走了，我们连日常吃饭都成了问题，所以这个时候我不得不改行。90年代中后期，我到"南方"打过工，也做过小生意，生活过得一直很拮据。直到1998年，我认识了我的第二任老公，我才把川剧重新捡了起来。

我认为，90年代是川剧最艰难的时期。国家不"养"，观众这时也不看戏了。我们这些川剧人日子过得艰难得很。转行吧，也不得行。学唱戏的人那么小就进入了剧团，你说能懂什么。而且，接触了这行那么久，不是说放下就能放下的。我丈夫也是搞川剧的，而且能编能唱，可以说是全能型人才。即便是这样的人，表演机会也是寥寥无几。

李芳的这段口述反映了90年代中期川剧在城市的发展空间迅速萎缩的状况。在川剧培训班的20位民间川剧艺人中，大部分在1994—2005年都有过去外地打工或做小生意的经历。如果联系中国当时的社会经济发展情况，不得不说，李芳、许二哥等民间川剧艺人中途转行的经历与当时的"下岗潮"有很大的关系。90年代的"下岗潮"导致川剧表演市场迅速衰落，同时也致使民间川剧艺人在城市的生存愈发举步维艰。靠唱戏是没有办法在城市生活的，川剧表演市场的衰败使更多的川剧艺人彻底转业了，剩下的极少数的"戏疯子"不得不转换阵地。李芳和她丈夫离开了重庆，转去了四川省的龙台镇，原因是那里的生活消费水平比重庆低。

三、21世纪以来：小众市场才露尖尖角

进入21世纪，中国经过黄金十年（2000—2010）的发展，成为世界第二大经济实体，这为文艺市场带来了新的发展契机。随着川剧市场的回暖，民间川剧艺人的经济收入也达到了高峰。

一直坚持川剧表演的李芳对此感受尤深。

我是2007年重新回归川剧表演市场的。从这一年开始，我发现川剧开始赚钱了。在重庆"走穴"的第一年，我们夫妇俩表演一个几分钟的变脸和一个小品，商家给我们150元。每个月我们除去开支，能剩个两三千块钱。这是我们从事川剧工作以来第一次能攒这么多钱。我们感到很满足。第二年，我们表演一场可挣到两三百元。从七八年前开始，市场突然火爆，一个变脸项目，起价都是600元。现在的行情，变脸的均价在800元左右，如果遇到房地产项目开盘、春节商场搞活动等，则会给到两三千元。特别是从10月到春节前这几个

月,我们都忙不赢,需要相互帮忙,看谁档期有空就把机会介绍给对方。近5年来,我和我丈夫从9月到春节前几个月,几乎没有一天能歇息。除了日常的商演,我们还接了"川剧进校园"的表演任务。近3年来,我们平均每年进校园唱川剧100多场次,一天要跑两三场。我丈夫就是这么累死的。去年10月28日,他刚结束表演,突发脑溢血,就再也没醒来。

和李芳说的情况差不多,龙群、许二哥、段小兰等活跃的民间川剧艺人也表示,现在民间川剧演员的收入来源主要有三大块:(1)"川剧进校园"项目中政府给的表演补贴;(2)日常的商演活动;(3)私人的红白喜事。川剧市场的旺季是9月至次年2月。这一时期,民间川剧演员会进入连轴转的工作状态。20世纪八九十年代,他们被市场抛弃;而近七八年来,川剧表演市场火爆。据笔者了解,重庆地区较活跃的60后民间川剧艺人,近三四年来,在川剧旺季的收入在10—20万元[①]。

"商演"是这一时期民间川剧艺人日常生活的一项主要内容。而他们的商演活动与其说是川剧表演,不如说是"变脸"专项表演。大部分"走穴"类型的民间川剧艺人,接的商演活动百分之八十都是表演变脸。用他们的话说:靠变脸项目养活自己,同时也养活川剧。以龙群为例,她经营一家民营川剧团,但靠"念打做唱"的程序式川剧表演很难赚钱,不如短平快的"变脸"表演来钱快。为养活剧团,她是周一到周五接商演活动,周末回自己的剧团排戏。她所在的剧场的固定观众多是退休老人,而老人作为消费者往往消费能力和消费意识不足。用她的话说就是:经营剧团,运气好时略有盈余,保本就算不错,小亏是常态。龙群"以变脸来养活剧团"的例子说明,大众对戏曲的接受度仍然不高,大众市场的发展仍需走一段漫长的道路。

结语

根据龙群、李芳等民间川剧艺人的口述,我们可以这样归纳这些60后民间川剧艺人的从艺史:结缘于少年时期,失业于青年时期,致富于中年时期。他们的遭遇恰好对应的是改革开放40多年以来,川渝地区不同阶段的政治、经济和社会文化的状况。80年代初,传统戏剧开始复苏,川剧此时告别了八大样板戏的范式,进入了正常的发展轨道。此时我国虽百业待兴,但国力尚弱,行政指令下的文艺复兴终究抵挡不住市场的不买账,这直接导致了80年代中后期区县级川剧团的"解散潮"。80年代末,在国营川剧团解散的同时迎来了民营

---

① 数据来自笔者与25位民间艺人的面对面访谈,及66份发放于民间川剧艺人群体的问卷调查。

川剧团的兴起。随着90年代国企改革，各行各业的"下岗潮"到来，城市的民营川剧团也迅速萎缩。而在农村市场，只余老年观众的社会事实也致使在乡镇生存的民营川剧团举步维艰。进入21世纪后，中国成为世界第二大经济实体，加上川渝地区城镇化水平的提升，重庆、成都两大城市成为西部地区经济实力最强的两个千万级人口大都市，民间川剧艺人终于迎来了他们从艺生涯的经济收入高峰期。但繁荣的表象背后也有隐忧：现在的民间川剧市场中的表演主体是60后，这一现象折射的是川剧传承人队伍青黄不接的事实。

在非遗的保护与传承工作中有这么一个共识：人存艺存，人亡艺亡。川剧艺术的传播与传承不应仅靠重庆市川剧院等少数几个专业表演团体[1]，更需要靠这些扎根于民间的川剧艺人。如何积极引导民间艺人成为我国优秀传统文化传播队伍中的一支重要力量，是值得我们认真思考的问题。

参考文献

[1]黄静华.日常生活视阈中的民间艺人研究[M].北京：中国社会科学出版社，2017.

[2]雪原.民间艺人生存状态与艺人保护模式——以湖北五峰土家族自治县为例[J].新闻前哨，2011(3).

[3]刘光菊，田玉成.资丘镇现存长阳南曲民间艺人的分布情况与生存现状调查[J].三峡文化研究，2009(1).

[4]杜建华.川剧在改革开放40年中的位置与当下反思[J].四川戏剧，2018(11).

[5]徐孝坤.小平与川剧："砍"与"复"的故事[J].四川戏剧，2004(5).

[6]万平，严铭，冯乃光.川剧老艺术家口述史（四川卷）之汪洋篇[J].四川戏剧，2016(9).

---

① 目前重庆市的专业川剧剧团只有3家：重庆市川剧院、永川川剧团、万州川剧团，在编川剧演员100多人。

爽朗明快、刚柔相济
——从桂名扬粤剧老唱片管窥"桂腔"的艺术特色[1]

王琴[2]

(广东省艺术研究所)

桂名扬(1909—1958),祖籍浙江宁波,祖上迁居广东南海,是20世纪三四十年代著名的粤剧小武演员,有"金牌小武"之称。在"薛马争雄"的时代,异军突起,以独树一帜的表演和唱腔风格形成了"桂派",位列粤剧五大流派[3]之中。与当时许多的粤剧名伶一样,桂名扬也灌制了大量的粤剧唱片,如:《火烧阿房宫》(歌林,1934年)、《贵妃骂唐皇》(百代,1936年)、《新长亭别》(胜利,1936年)、《王宝钏之回窑》(新月,1936年)、《冷面皇夫》(新月,1936年)、《雷峰塔》(百代,1936年)、《惊艳》(胜利,1936年)、《古今一美人》(百代,1936年)、《海底针》(歌林,1937年)、《盼郎早日凯歌还》(胜利,1937年)、《素面朝天》(新月,1937年)、《十七嫁十八》(胜利,1937年)、《新还花债》(胜利,1937年)、《新装换战袍》(胜利,1938年)、《豪华阔少》(百代,1939年)、《拗碎灵芝》(歌林、1940年)、《金叶菊》(歌林,1941年)、《地久天长》(百代,1941年)[4]等。这些唱片呈现了"桂腔"的艺术特色,成为后世传承和传唱的粤剧"桂腔"的经典。下文通过桂名扬在20世纪三四十年代灌制的粤剧老唱片来分析"桂腔"的艺术特色。

一、擅演袍甲戏,武戏文做,唱腔寓刚劲于柔和

桂名扬身材高大,擅演袍甲戏,舞台形象威猛,动作干净利落。粤剧表演艺术家罗家宝

---

[1] 本文为广州市哲学社会科学发展"十四五"规划2022年度广州大典专项课题"粤剧老唱片研究(1903—1949)"(课题编号:2022GZDD09)阶段性成果。
[2] 王琴,女,汉族,广东省艺术研究所一级艺术研究员,文学博士,主要从事戏剧戏曲学研究。
[3] 20世纪三四十年代,粤剧五大流派指薛派(薛觉先)、马派(马师曾)、廖派(廖侠怀)、桂派(桂名扬)、白派(白驹荣)。
[4] 桂仲川.金牌小武桂名扬[M].香港:懿津出版企划公司,2017:195.

称"桂名扬穿袍甲的飒爽雄姿,恐怕现在粤剧界还无出其右"[1]。桂名扬的表演,威而不露,勇而不躁,沉着稳重,落落大方。其唱工缓急有度,跌宕起伏,允谐移宫换羽的法度,有人赞他的唱腔是龙头凤尾。[2]

桂名扬饰演的《火烧阿房宫》中的太子丹,穿蟒,【锣边花】出场,武戏文做,表演稳重大方,唱腔寓刚劲于柔和,令观众耳目一新。编剧家冯志芬称"桂名扬最擅长披甲谈情说爱",将文与武的反差共冶于一炉。以《火烧阿房宫之借花进食》为例:

(旦:声声泪)国破难免在目前,自怜自怨,奸党心变,唔战。

(滚花)可叹佢绝食救亡,真真浅见。待我上前嚟安慰,劝佢委曲求全呀。

(生:中板)风罢风,你依仗淫威,把个的花枝嚟吹损,好一比,暴秦无道,把我哋燕国相煎。花你飘零,试问叶落枝枯,实在不容你留恋。花你本身无力,点可以抵御在猛风跟前,今日目睹花飞,因被风刀霜剑,正系谁怜爱国,我独借花自怜,不若收葬残花,免致飞片片。

(白)花落国亡一例看,那堪目睹国危亡,葬花我已多愁怆。

(旦:白)唉,落花何幸遇痴郎呀。

(西皮)伏望我夫休怨天,你心肠莫变迁。

(生:接唱)我如今不过悼花自悼,心内凄然。

(旦:士工慢板)我望郎君呀,你休要绝食,须知前途还远,还需为国珍重。你睇国仇家恨,实在沛苦颠连。

(生:芙蓉中板)唉,我无限凄凉,至有对花飞怨。

(旦:白)唉,你要食饭至得㗎,前世。

(生:接唱)我实行绝食,实在有口难言。

(旦:白)唉,究竟你做乜嘢至得㗎。

(生:接唱)我绝食呢层,实想父王心转。

(旦:白)佢都昏迷不醒嘅,叫佢点转呀。

(生:接唱)倘若秦师一日不退,我宁愿死在桃园。

(二王)你睇花落好比国亡,真系令人肠断,至有葬花嚟寄意,我此举非系无端。

(旦:接唱)郎你莫伤心嚟对花自怨,不若放怀进食,你要委曲求全。我剖出心肝呀,把

---

[1] 罗家宝.艺海沉浮六十年[M].澳门:澳门出版社,2002:51.
[2] 广东省粤剧研究中心.粤剧明星集[M].澳门:澳门出版社,2005:349.

郎相劝。

（十八摩）君呀，君呀，你莫把身来损，哎哟，你莫把身来损，哎哟，你快的进膳，哎哟。你身要肩，平大战。

（生：接唱）唉吔唉吔好心酸，泪如泉，哎哟。

（二王）我一于绝食，志决心专。

（旦：乙反木鱼）唉，我真命苦呀，心事如煎，落花犹幸有君怜。我命虽不辰，点知比花你更贱呀，乜你怜花有意，都不理我叫苦连天，郎若绝食捐躯，奴就飘零。

（乙反二王）不免。唉，花罢花，你身傍有枝叶，怕乜苛暴呀，把你嚟恣。皆因你抵抗无心，致有受污泥来染。

（白）唉，花呀花，我真系戥你唔值咯花，同时又好可惜你太过蠢啦花。

（生：二王慢板）我霎时觉悟，感斯言，佢语语相关，来奉劝，与其一死在宫前，唉，我无可奈何。

（滚花）忙进膳。

（白）唉，妻呀，我都系食唔落㗎。

（旦：白）唉。等我赵烂个的饭嚟喂你食啦，趁热喇。

（生：白）哦。

（旦：滚花）唉，夫呀，我今日亲为进食，聊表我爱国心田呀。

该唱段描写秦兵压境，燕王准备投降献国，燕太子丹绝食希望父王能拿起武器抵抗。桂名扬在戏中发出花将飘零国将亡的惋叹，将太子丹的忧心如焚却又无力之感、夫妻间相濡以沫的温情、英雄想为而不能有所为的无奈和挫败感，都很到位地表现了出来。

二、首创【锣边花】，表演功架威武豪迈，善唱【包槌滚花】，字含情、腔含韵

在演出当中，桂名扬为了展现剧情和表达情感，创造了新的锣鼓点和曲牌，如小曲【恨填胸】【连环西皮】【子龙新曲】【恐怖锣鼓】等。在《赵子龙》一剧中，为衬托赵子龙出场的威严雄姿，桂名扬创立了【锣边花】。这些都是在继承粤剧传统的基础上进行的创新，现在已成为粤剧经典。

早期的高边锣【锣边花】的打法是：开始是三下锣边（冷冷冷），接着是音乐长音衬【叻叻鼓】①,演员上场亮相接打【大滚花】。后来为了使剧中人物上场时显得更加威武,把开始的三下锣边改为三下锣心(叮叮叮),接着是在音乐长音衬【叻叻鼓】上加上密击的锣边(冷冷冷)。《赵子龙》中"甘露寺"这场戏,锣槌用力敲击锣边,发出"冷冷冷"的声响,强烈展现了"震裂敌胆"和"不寒而栗"之声,达到赵子龙上场的"威风凛凛",令敌人"望而生畏"之效。

又如《火烧阿房宫》第二场,在燕国金殿,燕王对是战还是降犹豫不决,桂名扬扮太子丹【锣边花】上场,唱:

黄河既无险可守,飞渡貔貅,可叹百姓无辜遇上洪水猛兽。闻道秦兵压境,我步上龙楼,恨父王懦弱无能,旁观袖手,不知箭在弦上,易发难收。恨秦王为虎为狼欲并吞宇宙,他远交近取,好比用慢火煎油。

【锣边花】显示了情势的危急,而燕王的孱弱让燕太子"怒其不争",桂名扬"小武"文唱,呈现了一个"忧郁王子"和"围城里的英雄"形象。

《赵子龙》一剧中的"甘露寺"一场,赵云两次都【锣边花】上场,唱【包槌滚花】,铿锵悦耳,气势如虹。【滚花】是自由拍,没有叮板限制,有人认为比梆黄好唱,正因为其节奏灵活,更需要唱出韵味和感情。桂名扬的演唱徐疾有致,字字有情,韵味气势十足。桂名扬自创的【锣边花】出场的功架,威风八面,有气势,成为传统表演的典范,沿用至今。②

三、唱腔爽朗明快,少用高音,不拖长尾音,用平喉唱【锣边花】

桂名扬的先天嗓音比较丁沙,不擅长演唱高音。他深谙自己的优势和不足,遂少用高音,唱腔爽朗干脆,不拖长尾音,收音短促、有力度,节奏比较快,但富有韵味,这与他的"小武"行当是相适应的。

桂名扬的首本戏《赵子龙》改编自马师曾的《冇胆赵子龙》。马师曾的《冇胆赵子龙》从赵子龙取桂阳始,后赵子龙保刘备过江招亲,结尾是赵子龙催归。赵子龙取桂阳,桂阳太守赵范投降,设宴招待赵云,认作本家,要其寡嫂筵前敬酒,还为其嫂向赵云求婚。赵云酒醉,在太守府留宿,赵范之嫂到房内调戏赵云,遭其拒绝。因此有云"赵云一身都是胆,独惜无

---

① 【叻叻鼓】:锣鼓点之一。其特点是通过连绵不断的鼓声连接或牵引不同情节(如涉及剧中人物思索或怒目的情节)。亦可在上场、过位、走边时使用。
② 广东省粤剧研究中心.粤剧明星集[M].澳门:澳门出版社,2005:349.

胆入情关"。桂名扬将剧重点放在赵子龙保主过江招亲上,改为《赵子龙》,突出赵子龙的忠、勇、智的形象。"甘露寺"一场,马师曾用【冲头滚花】上场,桂名扬改用密打锣边的【锣边花】上场,接着表演"踏七星",再唱【包槌滚花】,突显了赵子龙的大将威仪。有评论称:全戏行都公认桂名扬演赵子龙,青出于蓝,胜过马师曾。他穿起大靠威风凛凛,十分威武,行内是无人比得上的。[①]下文以《赵子龙之甘露寺》唱段举例:

（锣边花）俺赵云,肩头上,放上了千金重担;俺保得主公过江,又保得主公回还。今日里甘露寺中看新郎,又不是交锋和打仗;因何两廊之上,埋伏了许多刀枪。俺虎步龙腾,要查明真相。

（介）俺追过了东廊,他就往西廊。俺又追过了西廊,他就东厢往;唉吔莫非是甘露寺中,变了杀人场。俺手按龙泉,四围观看。

（介）你们个一个,一个个,身披甲胄手提银枪。就算你是六臂三头,有包天的胆量;唉吔我的宝剑呀,你就是无故出鞘,莫非想把人伤。俺怒气不息,甘露寺往。

（介）唉吔目前又来了,一班饭袋酒囊。须知道俺在长坂坡前,杀退了曹兵百万;当日俺在百万军中,来来往往,往往来来,哪一个不晓得俺赵子龙,是个杀人王。

桂名扬入戏行最开始学的是"打锣"(掌板),他深谙粤剧的锣鼓板式,因此"桂腔"很善于与锣鼓配合,形成了"桂腔"爽朗、明快、节奏性强的特色。由于桂名扬不善于在高音区运腔,因此桂名扬很少唱"霸腔"。【锣边花】上场,他也不唱"霸腔",而是创造了用平喉唱【锣边花】。如《冷面皇夫》中"金碧辉煌画栋雕梁,如一座巍峨宫殿。我十多年被囚废堡,今月得蒙释放,为此拨开云雾见青天。整衣冠撩蟒袍,谢过女皇恩典"一段。《赵子龙之甘露寺》一场,赵云【锣边花】上场,不唱"霸腔",而是用【玉带左】的唱法,这正是"桂腔"的一个特色。

四、唱腔上汲取"薛腔马韵",独树一帜,自成"桂腔"

业界普遍认为,桂名扬汲取了薛觉先唱腔的精髓和马师曾表演的神态,形成了自己的表演风格,即"薛腔马神"。其实,桂名扬不仅在表演上深受马师曾的影响,而且在唱腔上也深得"马腔"的神韵。无论是"薛腔马形",还是"薛腔马韵","桂腔"的腔口自然而流利,吸收

[①]罗家宝.艺海沉浮六十年[M].澳门:澳门出版社,2002:51.

了"薛腔"的儒雅,但"桂腔"遇到有激越或欢欣之处,便不期然有所谓"丫口"的出现,一片"丫丫丫"之声,其风格确具有"马腔"的风范,既有"马腔"的形格,又有"马腔"的神韵。如《贵妃骂唐皇》(二卷):

（生:苏武牧羊）唉天明,我都愿天再莫明,几多苦事情,至得再会好娇卿,思娇卿,念娇卿,喊到泪都五六埕。

（旦:接唱）唉,我念旧愈心惊,只怨我条命,怕我天注定,临难受惨刑。

（生:接唱）唉,无谓再记别恨别愁罢咯,心肝丁。

（玉美人）最啊伤啊情啊,最啊伤啊情呀,叫句娇卿,嗟你薄命。……

（生:新腔）咁就叮呀叮呀叮,一曲霓裳再复兴,叮叮叮叮,我我卿卿。叮咚咛咚叮,咚叮咚叮。……

（生:接唱）同欢庆,案新星,滟声声,袅婷婷。

（旦:接唱）团圆美满,我哋心相应。

（生:接唱）比翼婵娟,相交并。

（同唱）知音听,千古痴男怨女,共学我哋真情呀。

这里明显可以看出受到"马腔"诙谐、幽默的影响。但与"马腔"不同,"桂腔"取其精华,化为己用,形成了自己的风格。如《火烧阿房宫》中太子丹劝谏燕王奋力抗秦,御侮图强,唱【金钱吊芙蓉】"怕你买定对鞋冇路走,你想食珍馐百味只有白饭捞豉油"。桂名扬虽学马师曾的"马腔",但不是照搬,而是根据自己的声线条件,加以变化。马师曾的【吊芙蓉】用"马腔"特有的"乞儿喉",很多"哋哋哋";而桂名扬在演唱当中,并没有用很多的"哋",而是唱得更为爽朗,听起来很"醒神"。

五、结语

桂名扬从小学习粤剧表演,主要在我国的广东、上海、香港、澳门以及国外的加拿大等地区和国家演出,曾在加拿大等国家演出十余年之久,为粤剧的海外传播做出了重要的贡献。戏迷称:一出（亮相）,一响（他首创的【锣边花锣鼓】）,一摇（将军甲胄后的背旗摇动极

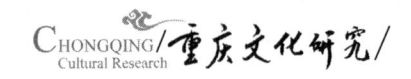

有气势),一唱(别具一格的"桂腔"),便已值了票价。[1] 著名的小武演员靓元亨(原名李雁秋,1892—1964)强调,小武的表演要充分显示男子汉的英雄本色。桂名扬塑造的赵子龙、马超、狄青等艺术形象,充分展现了角色的男性气概、英雄本色。"近十年来粤剧表演的趋向是重文轻武,阴盛阳衰。……现在广州粤剧舞台上真正称得上是文武生的,几乎没有。……人们对那些散发出奶油味的酸秀才早已十分厌恶,希望能看到作风硬朗,有阳刚之气的小武。"[2]这也是本文从桂名扬粤剧老唱片的角度重提"桂派"和"桂腔"的原因之一。

---

[1] 见香港《文汇报》"曲坛戏事"栏目,2010年4月2日。
[2] 何梓焜.关于金牌小武桂名扬的联想[J].南国红豆,2008(2):17.

宝顶山石窟：世俗画卷中的孝文化

杨中秀

（大足石刻研究院）

【摘要】 宝顶山石窟，既是对当时社会生活样态的再现，又宣扬了中国传统孝文化。其采用动之以情、晓之以理，诱之以福乐、威之以祸苦的创作手法，以情感为号召，运用慑服人心的方式，激发民众的社会责任感，关注人的尊严，始终充满着悲天悯人、普度众生的人文关怀，是充满人间情趣美的艺术经典。

【关键词】 宝顶山石窟；孝文化；儒家思想

宝顶山石窟位于重庆市大足区城郊东北15千米处的宝顶山，由著名高僧赵智凤于南宋淳熙至淳祐年间主持修建。赵智凤乃一代佛教宗师，其精通三藏，洞悉民俗，以"假使热铁轮，于我顶上旋，终不以此苦，退失菩提心"之志，弘扬佛法、教化众生，于浩若烟海的佛典中，按基本教义选材造像，使之形成体系，故古人称宝顶山石窟"凡释典所载无不备列，几乎将一代大教搜罗毕尽"。[①]

宝顶山石窟以大、小佛湾为中心，包括周边十余处石刻造像、佛塔等遗迹，是大足石刻中规模最大，民族化和世俗化特征最为突出的一处大型佛教道场。其规模在南宋时声势之盛，倾动朝野，兵部侍郎杜孝严及太常少卿魏了翁等人题书留念，民间亦有"上朝峨眉，下朝宝顶"之说。宝顶山石窟虽经元、明兵燹之难，庙宇多有损毁，但造像基本保存完好。

一、宝顶山石窟对社会生活的再现

宝顶山石窟的主体大佛湾为一谷口向西的"U"字形山湾，崖面长约500米，佛像开凿于

[①] 陈明光.大足宝顶山石窟研究[J].佛学研究,2000:262—264.

东、南、北三面崖壁上。造像题材有护法神像、六道轮回图、广大宝楼阁、华严三圣、千手观音、释迦涅槃圣迹图、九龙浴太子、孔雀明王经变、毗卢洞、父母恩重经变、雷音图、大方便佛报恩经变、观无量寿佛经变、六耗图、地狱变相、柳本尊行化图、十大明王、牧牛图、圆觉洞等。其中有王公大臣、官绅士庶、渔樵耕读、乳医厨娘等人物,有养鸡、牧牛、洗衣、送行、沽酒、杀猪宰羊等生活场景。大佛湾造像以浓厚的世俗信仰,纯朴的生活气息,在石窟艺术中独树一帜,把石窟艺术生活化推到了空前的境地,颇似一座具有立体感的宋时民间风俗画廊。

宝顶山石窟中的《地狱变相》和《牧牛图》较为引人瞩目,其中诸多场景为社会生活的再现。《地狱变相》位于大佛湾北岩西端,为高浮雕摩崖造像,高13.8米,宽19.4米。本龛造像自上而下分为四层:第一层为十方佛;第二层为地藏并十王组合,成一排布局;第三、四层为十八层地狱场景,生动地呈现了地狱世界的惊恐惨状,从一个侧面折射了古代社会司法制度的残酷。

《牧牛图》洋溢着浓郁的田园生活气息,描绘了中国禅宗以牛喻心、以牧牛人喻修行者,借牧牛人驯服犟牛的过程,代表佛门弟子"调服心意"的过程。画面中,牧人或挥鞭赶牛,或冒雨登山,或吹笛击拍,或攀肩谈笑,或畅然酣睡,牛儿或昂颈狂奔,或竖耳倾听,或跪地饮水,或自舔其蹄,表现出一种乡土气息浓郁、淳朴康乐、抒情诗一般的田园生活情趣,使观者情不自禁地忽略宗教含义,沉醉于云缠雾绕的林泉山水以及牧人和牛儿互动的生动情态中。《牧牛图》末尾诗偈言:"了了了无无所了,心心心更有何心。了心心了无依止,圆照无私耀古今。""人牛不见杳无踪,明月光寒万象空。若问其中端的意,野花芳草自丛丛。"[①]这些诗偈表达了禅宗圆满彻悟的空灵境界。

宝顶山石窟造像将南宋时期的社会生活形态活灵活现地展现在人们面前,对其进行研究,不仅可以了解南宋的社会生活形态,也可以了解佛教艺术。

二、宝顶山石窟对孝文化的宣扬

大佛湾北岩东部雕刻有一则《父母恩重经变》,以父母养育子女辛劳为主题,表现了从母亲怀孕护胎至"百岁惟忧八十儿"的多个家庭生活情境,情节连贯,形象生动,感人肺腑。造像布置如下图:

---

① 重庆大足石刻艺术博物馆,重庆市社会科学院大足石刻艺术研究所.大足石刻铭文录[M].重庆:重庆出版社,1999:168.

七　佛										
究竟怜悯恩	为造恶业恩	哺乳养育恩	咽苦吐甘恩	临产受苦恩	投佛祈求嗣息	怀胎守护恩	生子忘忧恩	推干就湿恩	洗濯不尽恩	远行忆念恩
地　狱　图											

画面分三层，上层为七佛，从左至右为：毗婆尸佛、尸弃佛、毗舍婆佛、拘留孙佛、拘那舍佛、迦叶佛、释迦牟尼佛。

中层为父母养育子女的"十恩"画面，以中间一对夫妇"投佛祈求嗣息"为轴线，左右对称分布五组表现父母恩重于子女的雕像，分别为"怀胎守护恩（右）—临产受苦恩（左）""生子忘忧恩（右）—咽苦吐甘恩（左）""推干就湿恩（右）—哺乳养育恩（左）""洗濯不尽恩（右）—为造恶业恩（左）""远行忆念恩（右）—究竟怜悯恩（左）"。[1]从怀胎分娩时的小心翼翼，到养育幼儿时的动人情形，再到对孩子成人远行的忆念，父母对子女的"究竟怜悯"[2]引人思考"爱"的内涵。"究竟怜悯恩"的铭文颂曰："百岁惟忧八十儿，不舍作鬼也忧之；观喜怒常不犯慈颜，非容易从来谓色难。"[3]"色难"，即"承顺父母颜色，此事为难，故曰色难"，出自《论语·为政》"子夏问孝"。能事亲养志，做到在父母面前保持和颜悦色，并承顺父母的心意，才是对父母最好的"孝"。但古往今来，能领悟、遵循"孝"的内涵并回报父母的子女甚少，因此"投佛祈求嗣息"碑下铭文曰："知恩者少……负恩者多。"感叹世间痴心父母古来多，孝顺儿孙谁见了。

做人须尽孝，那么不孝之人有什么下场呢？下层地狱图中的场景便是下场。第四碑铭文曰："……三千条律令，不孝罪为先。天网无逃处，常应悔在前。非为妨孝养，恃戏破家财。未必罹忧患，慈亲亦恼怀。"[4]第六碑铭文曰："……父母如忧念，乾坤定不容。人间遭霹雳，地狱饮烊铜。"[5]这些文字是对世人不孝敬父母的警告。紧随《父母恩重经变》的是《雷音图》，风、雨、雷、电各施法力于烈焰中烧杀五逆不孝和谎言欺世之人，下方偈语云："湛湛青

---

[1] 重庆大足石刻艺术博物馆，重庆市社会科学院大足石刻艺术研究所.大足石刻铭文录[M].重庆：重庆出版社，1999：168.
[2] "究竟"为最高、至极之意，"怜悯"为爱的意思，"究竟怜悯"就是最高的爱。
[3] 重庆大足石刻艺术博物馆，重庆市社会科学院大足石刻艺术研究所.大足石刻铭文录[M].重庆：重庆出版社，1999：100.
[4] 重庆大足石刻艺术博物馆，重庆市社会科学院大足石刻艺术研究所.大足石刻铭文录[M].重庆：重庆出版社，1999：102.
[5] 重庆大足石刻艺术博物馆，重庆市社会科学院大足石刻艺术研究所.大足石刻铭文录[M].重庆：重庆出版社，1999：103.

天不可欺,未曾举动已先知。善恶到头终有报,只争来早与来迟。"[1]民间素有"不孝之人遭雷打天谴"之语,凿龛者借用大自然对人的威慑力来推行孝道。

《父母恩重经变》不仅是反映宋代民间家庭生活的精湛艺术品,也是佛教教义与中国传统文化互摄互融的实物例证。其所弘扬的中华传统美德——孝,犹如一曲谱写在空寂崖壁上歌颂世间父母恩德的旷世赞歌。匠师们将父母养育子女过程中烦琐、辛劳的生活细节提炼为父母对子女的十大恩德,以纪实的手法凿刻于石壁之上,这些为人所熟知的生活场景,不仅能使人在欣赏艺术作品的同时回味和认识生活,也能使人的情感和思想得到升华。

《雷音图》旁的是《大方便佛报恩经变》,表现了释迦佛前世今生修行、行孝的故事。它和《父母恩重经变》是一组连续的故事。其造像布置如下图:

因地为睒子行孝	因地剜肉	因地雁书报太子	释迦佛	因地行孝证三十二相	因地剜眼出髓为药	因地鹦鹉行孝
亲探父王病	因地修行施身求法			剜肉供父母		舍身济虎
释迦亲担父王棺			三圣御制佛牙赞碑	六师外道谤佛不孝		

画面中央上部为释迦佛,下部为三圣御制佛牙赞碑,两侧分刻释迦因地和果地孝养父母的故事,有因地行孝证三十二相、因地剜眼出髓为药、因地鹦鹉行孝、剜肉供父母、舍身济虎、因地为睒子行孝、因地剜肉、因地雁书报太子、因地修行施身求法、亲探父王病、释迦亲担父王棺等。这些故事由《大方便佛报恩经》《净饭王涅槃经》及各类本生故事汇集而成,将中国的"孝""舍身成仁"等文化传统与佛教教义完美结合。

宝顶山石窟所宣扬的儒家孝道思想乃赵智凤审时度势的产物。赵氏布教弘道的南宋时期,儒学占据统治地位,孝亲观念和忠君思想为入世最高修身标准和社会美德,正所谓"百善孝为先""人之有德莫过于孝,人之无德莫过于不孝""事父为孝子者,事君必为忠臣"。时人认为,佛和菩萨也是父母所生,与众生无异,因此也需要为父母尽孝,为国尽忠。《大方便佛报恩经变》将释迦塑造成行孝的典范,并将太宗、真宗、仁宗三帝所撰的《三圣御制佛牙赞》立碑于中央显赫位置,堪称忠孝两全。

---

[1]重庆大足石刻艺术博物馆,重庆市社会科学院大足石刻艺术研究所.大足石刻铭文录[M].重庆:重庆出版社,1999:104.

三、结语

宋代是中国"近世"历史之开端,社会不断向人文化、扁平化、世俗化方向转型。[1]宝顶山石刻有着世俗化的特色,生动展现了南宋社会生活的诸多场景。在造像中,不但有清晨起来喂鸡的养鸡女、担负双亲在外行乞的孝子、乡村山野中牧牛的牧人、养育子女的父母等种种形象,更有世俗人物醉酒后的种种表情和行为,甚至还有居士柳本尊行化的故事。这些日常生活中常见的情景,在神圣的佛教石窟艺术殿堂中得到了极其生动的展现。这些造像中,世俗人物成为雕刻的主要部分,可谓是一幅雕刻在崖壁上的"清明上河图"。[2]

---

[1] 米德昉.南宋川东社会中的柳本尊信仰及其影响[J].佛学研究,2021(2):237.
[2] 李小强.大足石刻十八讲[M].南京:江苏凤凰美术出版社,2022:264.

古镇文旅开发中地域独特性保护及创新
——以三个古镇为案例

秦一丹

(重庆市南开中学校国际部)

随着全球化及城市现代化的推进,很多中国城市失去原本的面貌,愈发千篇一律。一些传统小镇、村落因其保存有较好的传统文化和历史面貌,逐渐引起城市建设者和运营者的关注,成为旅游产业开发中的重要区域。如何平衡商业利益和文化保护的关系,如何保持区域文化的完整性和独特性,是旅游产业发展中的突出问题。

研究表明,旅游产业是一个文化特征极强的行业,文化产业与旅游业具有天然的耦合性。[1]现代旅游者需要满足精神文化需要,只有发掘、展示旅游产品的文化及特色,才能吸引旅游者。同时,旅游产业的竞争,必然体现在文化层次的比较和竞争中,旅游地理空间的特色需要满足旅游者的观光要求。通过对几处不同时期形成的旅游古镇的调查发现,地域文化的独特性有赖于其文化特征在旅游发展中得以保护和传承;同时,由于旅游和文化产业之间的耦合关系,地区文化足够完整和独特,会有力促进旅游业的发展。

一、重庆磁器口:当地人群体流失及过度商业化

众所周知,对古镇地域特色和传统风格的恢复在一定程度上可以确保其文化特色的延续。磁器口古镇位于西南重镇重庆市临嘉陵江的坡地上,开凿于沿江岸的崖壁,该镇遍布陡峭的石阶。当地居民为了适应险峻的丘陵地形以及湿热多雨的气候,选择了建造吊脚楼式建筑。该镇位于嘉陵江河道天然良港,在以前,周边地区出产的各种作物、特产,特别是附近多处陶瓷作坊的产品由此运至其他地区,磁器口因此而得名。在运输业和贸易的推动

---

[1] 鲍洪杰,王生鹏.文化产业与旅游产业的耦合分析[J].工业技术经济,2010(8):74-78.

下，磁器口逐渐发展成一个繁荣的河边小镇，有商店、旅馆、餐馆、茶寮，甚至建设了佛寺、道观，并举办庆典和活动，以满足旅行者和商贾的需求。[1]

随着重庆市区的快速扩张，城市面貌逐渐失去个性而变得千篇一律，磁器口这一处隐藏在钢筋混凝土丛林中的传统小镇的价值开始被城市管理者所重视，他们试图通过发展旅游业来保存老旧街区和市镇的历史风貌。短暂的规划、设计之后，便是拆迁、整修和重建，一些当地人被迁出古镇，其旧居被改造为适合游客观光、购物、休闲的各类设施，小巷和道路在原有基础上重新铺设，通往河边狭窄而陡峭的台阶，将古镇码头和中心区域连接起来，甚至还按照几百年前的文献记载重建了寺庙和戏台等。大量本地居民来此休闲，潮水般的外地游客涌入古镇，磁器口旅游业迅速发展起来。这时，原有的河边小镇开始无法满足游客需求，在旅游需求和商业利益的驱动下，磁器口的大规模拆除、新建开始了。

在商业地产的主导下，磁器口规划了成片的商业区，以及餐饮、休闲等配套设施，以更好地为游客服务，甚至在小镇中心建造了一座仿古吊脚楼样式的剧场，与茶馆等场所一起，构成了古镇体验式消费的场所。[2]现在的磁器口古镇，有码头、茶馆传递着码头贸易和古镇生活的历史记忆，也有戏台、剧场提供的文化消费。但是，当地人的流失，过度商业化，使得上述内容失去了传承的人口及物质载体，与真实生活之间存在隔阂。总而言之，没有了独特的文化和历史记忆，无法持续吸引游客的关注和兴趣。这也是磁器口目前所面临的问题。

二、云南沙溪：在地化改造及深度挖掘特色属性

保护古镇更进一步的方法是通过挖掘地区的历史和文化传统，呈现其文化的独特性。

沙溪古镇坐落于四面环山的河谷平坝开阔地带，当地民居带有复杂木拱结构的屋檐和具有白族特色的彩绘与装饰图案的夯土墙，鳞次栉比地分布于狭窄的街道两旁。沙溪古镇的中心是寺登街，和云南其他的白族村落一样，寺登街也呈四方街形态，街道以此为中心向四周扩展，广场环布着旧时的戏台和明代兴建的寺庙，以及客栈、茶寮、酒肆等。

历史上，沙溪是西南茶马古道上的重要驿站。自唐宋以来，为了满足过往商队的需要，建造了村镇客栈和相关设施。大量的白族、彝族、壮族和汉族人来此定居。他们带来了各

---

[1] 李伟,臧伟,李壮,等.三城记——典型城市历史文化街区保护与发展[J].中国测绘,2016(1):52-59.
[2] 周欣雨,张述林,周刚.基于因子分析的重庆磁器口古镇文化创意旅游发展对策研究[J].重庆师范大学学报(自然科学版),2015(3):166-171.

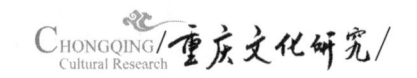

自的手工艺技术、生活习俗等。沙溪古镇的改造始于21世纪初，当时一批来自瑞士的文化遗产专家对整个古镇的核心地区和传统建筑进行了改造。[1]该改造完全采用当地的传统建造技术和材料，实施改造的人也是在当地从事传统建筑业的工匠，依照古法对建筑进行修补、重建。最重要的是，对古镇的排污系统进行了全面的改造，统一对各家各户的排污管道、生活用水管道进行铺设，然后再将原街道的石板重新铺砌，恢复原貌。在"修旧如旧"的改造原则下，沙溪古镇的传统面貌得以完整保留，当地人留在了他们世代居住的地方，在其享受现代化带来的便利的同时，传统的生活环境和生活方式得以留存。[2]如今，每一个到沙溪的旅游者都能够深入了解当地人的日常生活，在四方街购买当地的农产品以及当地人编织的手链、打造的手镯等工艺品，能够穿过悠长的小巷进入当地人的庭院品尝白族美食，也能够在傍晚的四方街与当地人一起起舞歌唱。[3]

三、贵州大利侗寨：文化体验与文创开发和创新

在维护传统特色和保护非物质文化的基础上，推广和宣传地区特色创新产品可以更好地保护民族文化的独特性。

贵州大利侗寨在明代初期开始兴建，由于被山脉阻隔，当地人与外界少有交流。村落里富有特色的风月廊桥、鼓楼、塔楼等古建筑得以完好保留，村民的生活方式也没有太大改变。大利侗寨有世界级非物质文化遗产侗族大歌，在2006年被列入中国世界文化遗产预备名单，2011年被誉为贵州省"魅力侗寨"，2012年被评为"中国第一批传统村落"，2017年被批准为国家3A级旅游景区，2019年被评为贵州省乡村旅游重点村。在整个村落古建筑群得到妥善保护的同时，有了更多的政策对其文化和风俗进行保护和传承。[4]

此外，当地政府鼓励并扶持本土手工艺发展，如侗族豆染、侗族刺绣、侗族亮布。通过政策扶持，村民们在大利村已建立了染织作坊、刺绣作坊，旨在让游客体验传统工艺的同时，展现侗族文化的特色。这些举措，有助于呈现当地的历史印记，有助于传承本土文化，

---

[1] 克里斯蒂安·伦费尔，董一平.瑞士建筑遗产保护工作者对中国传统村落的思考——从沙溪复兴工程谈起[J].建筑遗产，2016(2):108-119.
[2] 唐婷婷，吴兴帜，路晓龙.文化生态保护实验区建设中的原真性选择——以大理剑川沙溪古镇文化遗产为例[J].广西师范学院学报(哲学社会科学版)，2016，37(5):98-103.
[3] 杨慧，凌文锋，段平."驻客"："游客""东道主"之间的类中介人群——丽江大研、束河、大理沙溪旅游人类学考察[J].广西民族大学学报(哲学社会科学版)，2012，34(5):44-50.
[4] 刘郁.南部侗族地区文化记录项目对贵州省侗族村寨发展的影响[J].贵州社会科学，2016(9):55-59.

有助于增强居民对当地文化的认同感。此外,文化创新和有效推广也有助于保证侗族文化的独特性和完整性,当地独特的文化传承和历史记忆通过与外界的交流和互动得到了强化。在大利侗寨,我们了解到,不少国内外机构的专家和设计者,采用侗族传统织物和染制技艺,将传统材料与新技术相融合,设计各类服装、装饰品,并在巴黎、伦敦时装周上展示。所有这些努力和成果,都促进了侗族文化的传承和推广。

四、居民、经营方、游客各群体务必转变思路并达成共赢共识

通过对上述三个案例的分析可发现,在旅游经济浪潮中,古镇文化的保护和传承要真正落到实处,务必强调地域文化独特性的重要性。在具体实施中,需从转变居民、经营方、游客各群体的认识和观念等方面着手。

首先,古镇居民需充分认识到文化独特性的重要性,加强保护和传承特色文化的意识。当地居民与古镇息息相关,是古镇文化传统和历史记忆的承载者及传承者。沙溪古镇的居民中85%为白族,大利村的居民全是侗族。沙溪古镇和大利村的居民对保护民族特色和文化传统具有强烈的意识。

其次,当地人的经济利益是另一个需要考虑的因素。如果强迫沙溪古镇的居民在保护的原则下一直住在陈旧的木屋旧居中,他们不一定会同意,因为这样做并未改善他们的生活。但如果保护与旅游开发相结合,带来经济收益,就会有更多的当地人愿意配合。在沙溪的改造中,政府鼓励当地人挖掘自己民族的特色,并设计民族特色商品。这个方法被证明是行之有效的。当游客在沙溪的小巷里闲逛时,会发现当地人在出售手工饰品和自制小吃。这给游客带来了特别的体验。通过销售具有民族特色的商品,还可提高当地人的收益,改善他们的生活条件。贵州大利村的侗族人也是如此。根据笔者对一位在村里唯一的酒店工作的当地人的采访,之前很多年轻的侗族人外出打工,从而放弃了他们的传统文化。而当地旅游业的发展,除了吸引游客的到来,还给当地年轻人提供了更多的工作机会,让他们与传统文化保持着密切联系。

当然,仅仅提高当地人的保护意识是不够的,因为他们只是整个地区产业结构中的一部分。古镇的开发吸引了大量的外来者,如投资商、经营者以及游客等。因此,有必要让这些群体意识到保护文化独特性的重要性。笔者对磁器口游客的调查表明,只有13%的游客认为该地区的旅游商品具有一定的地域特色,而约有一半的游客认为这些商品与其他古镇

的商品相同。另一项调查显示,46%的游客喜欢当地的美味佳肴,35%的游客喜欢当地的手工艺品。这些统计数据清楚地显示,游客更喜欢具有地域文化特色的商品。进一步地研究和反思有利于运营者优化管理,正是每个地区的文化独特性吸引了游客,使多方受益。这种认识可以促使经营者重视文化独特性在旅游开发中的重要性,并对其深入挖掘以及深度开发。

总之,在古镇旅游热潮中,应保持地域独特性,保护和传承非物质文化遗产,以促进地方文化特征的高效表达,高质量地发展旅游产业,在保护独特性和促进经济发展之间实现有效平衡。

重庆地名的雅化与俗化

李正权

地名是人取的,取地名的人的思想观念和文化水平往往决定了地名的文雅鄙俗。过去,政府往往不管非行政区域地名的制定,绝大多数的城市街巷名、农村聚居点名以及一些自然地理地名是在民间形成并约定俗成延续至今的。在约定俗成的过程中,地名的雅化、俗化和讹呼、讹传也就不可避免了。重庆虽有3000多年历史,但本质上是一个移民城市,最早的移民可追溯至秦汉时期。外地人的涌入,给重庆增添了新的因素和强大的动力,也促进了重庆地名的雅化与俗化。重庆主城区现用地名中,被雅化或俗化的地名也就特别多。

从文化的角度看,把地名雅化一下当然好。抗战时期,大量外地人涌入重庆。有些来到重庆的外地人的文化水平比本地人高,他们对重庆的很多地名都进行了雅化。例如,将七星缸雅化为七星岗,将九龙铺雅化为九龙坡,将石马活雅化为石马河,将袁家杠雅化为袁家岗,将蚂蟥坪雅化为马王坪,等等。这样的雅化,以谐音字代替原有的字,保留了原地名的基本要素,没有改变地名本来的结构,甚至没有改变地名本来的含义,是相当成功的。

有意思的是,这样的雅化并不是政府出面进行的,也不是通过官方渠道进行的。以九龙坡为例,毛泽东受邀从延安到重庆来进行谈判,飞机降落在九龙铺机场。有记者把九龙铺写成了九龙坡,而这一错误也被重庆人接受,这说明重庆人具有包容和开放的心态。

当然,重庆地名的雅化也并非全都是由外地人进行的,重庆人自己也会对地名进行雅化。典型的例子是洒金坡。洒金坡原名茅草坡,该处为悬崖陡坡,因悬崖陡坡上长有茅草而得名。抗战时期,该地被日本飞机炸毁后重建,更名为洒金坡。洒金坡是临江门外一坡很陡峭的云梯巷,一边是悬崖,一边是陡坎,零星分布着吊脚楼。靠江一侧不能修房屋,只有用栏杆挡住;靠山一侧大多只有岩石,坡上披着野草,偶尔有一两棵黄葛树。夕阳西下,阳光把那吊脚楼、那岩石、那野草和那树木照得金灿灿的,远远望去,闪闪烁烁,于是取名洒金坡，充满诗情画意。重庆城内原有两处响水桥，为便于区分，就将位于现沧白路西段的响水桥雅化为香水桥。事实上，雅化之时，那香水桥下流淌的是污水，臭气熏天。虽然颇具讽刺意味，但市民依然接受了。如今，这两处地名虽然已经消失，但也可从中管窥地名雅化的若干特点。

地名的雅化往往与该地的居民相关。潘家沟原名屙屎沟，因该地有一污水沟，旧时有人在此解手而得名。1940 年，有一潘姓人家在此修造房屋，认为地名不雅，自贴招牌，将地名改名为潘家沟，这一地名得到认同，使用至今。20 世纪 20 年代以后，重庆出现了大量以"村""里"作为通名命名元素的城市街道。这些"村"或"里"几乎都分布在城市新建区。用"村"或"里"作为地名通名，是借鉴了其他地区的做法。用"村"和"里"作为地名通名，在江浙一带较多。这样的雅化丰富了重庆街道的地名通名，很多雅化而来的地名保留至今，蕴含着深厚的文化韵味。例如红岩村原名红岩嘴，又名刘家花园，抗战时期中共中央南方局和八路军驻渝办事处一直设于此，该地成为举世瞩目的政治活动中心，名美、景美、内涵美。

一般来说，雅化是提升地名文化内涵的过程。但是过分雅化往往会受到抵制。"文化大革命"初期，全国各地都在大规模更改地名，但这些更改都没有得到使用者的认可，几年后又恢复了原名，如红港（朝天门）、红岭（鹅岭）等。即使撇开政治因素，在地名雅化时也要考虑使用者的接受程度。四公里、六公里等地名是修建川黔公路时留下来的，看起来的确不雅。据当地人讲述，早在 1972 年就曾把四公里街改为广黔路，但人们对该地名的认可度不高，1981 年又改了回来。新世纪初，又把四公里立交桥到八公里那段川黔路改为学府大道，但人们似乎不买账，依然叫四公里、五公里、六公里、七公里、八公里。因此，在地名雅化时，一是要尽可能保留原地名的基本要素，二是要尽可能考虑使用者的接受程度。

从字面上看，俗化与雅化是对立的，是相反的。但实际上，俗化可能是另一种形式的雅化。或者说站在文化人的角度来看是俗化，站在市民的角度看却是雅化。寸滩原名秤滩，因其附近的长江中有一片像一根秤杆的狭长石滩而得名。"秤"字笔画多，难写难认，有人将其简化成"寸"。"寸"本是"秤"的别字，人们将错就错，寸滩就代替了秤滩。"滩"是行船的大碍，川江上滩多，经常出事故。"寸"为长度计量单位，也比喻极小、极短。从字面意思来看，"寸滩"给人的感觉很小，在重庆人眼中也就不是什么"滩"了。又例如太安门是因附近建有太平仓而得名的，"太安"两字很文雅，市民却不接受。在太安门城楼上可以望见长江对岸的龙门浩，加上城墙边有一条小街叫望龙门街，于是太安门就俗化为望龙门。太安是官府的期盼，百姓看到的是龙门，于是称之为望龙门。

当然，俗化后的地名，很多都不如原地名文雅。例如鹅公岩本来叫鹤皋岩。皋者，水边的高地也。原来，长江从九龙滩往下流，来到黄家码头，那黄家码头附近有一陡峭的石岩，过去那岩上、岩下常有白鹤翻飞歇脚，于是就有了一个很诗意的名字——鹤皋岩。重庆人偏偏把这充满诗意的名字变为鹅公岩。重庆人把公鹅称为鹅公，把母鹅称为鹅母。鹤毕竟没有鹅多，而知道皋是什么意思的人更少，用常见的动物来命名更有普及性，于是就以讹传讹成了鹅公岩。还有另一种说法是，那儿既有鹅公岩，又有鹤皋岩，一个在后，一个靠前，一个较大，一个较小。两者紧密相连，合成一体，渐渐地，鹅公岩的"名气"就超过了鹤皋岩，鹤皋岩这一地名逐渐销声匿迹。不管是哪种情况，如今使用鹅公岩作地名，可以认为是一种俗化。

除了雅化与俗化，还有讹呼和讹传。两江汇合处靠近南岸的江中有一碛石，因其形状像龟，本名乌龟石，讹呼为五桂石、夫归石、呼归石，又被叫作望夫石、鹧鸪石。人们将其与大禹治水相联系，创造出涂山氏望夫归来化为石头的传说。《四川省重庆市南岸区地名录》记载：弹子石来源于长江边有三石顶着的一巨石，形似"弹子"而得名（1926年夏，"弹子"被雷击毁）。后来有人将弹子石讹传为诞子石，并配以大禹和涂山氏的传说，说那儿是夏启诞生之地。厚池街本是由浩池街等四条街道合并而成的，原写作厚慈街，是一种讹传（浩为大，有厚的意思）。到如今，究竟是厚池还是厚慈，连地名管理部门都弄不明白了。

实际上，地名的讹呼、讹传是地名雅化、俗化的一种形式。讹呼、讹传的过程也即雅化、俗化的过程。讹呼、讹传的地名比原地名"雅"，就是雅化，比原地名"俗"，就是俗化。有些讹呼、讹传的地名与原地名不存在雅俗之别，"北碚"便是一例。因嘉陵江中有一道石梁曲折伸入江中，其端头巨石形如大鳖，称为碚。因其色白，称为白碚。重庆人口中，"白""北"不分，于是以音讹呼为北碚。"白"为色，"北"为方向，各有特色，就分不出白碚与北碚哪个更文雅了。此地在重庆之北，名正言顺，北碚比白碚似乎多了一层指示方向的意义，于是就流行开来，如今知道北碚原名的重庆人也极少了。

或许是重庆人"懒"，地名一旦超过三个字，往往就要省略，于是就有了简称。这样的简称往往也造成地名的讹呼、讹传。例如将龙门浩新街上段简称为上新街，如今知其原名的人已经不多，许多人以为上新街是上浩新街的简称。又例如华联新街简称为华新街，虽然消除或屏蔽了原地名所拥有的历史含义（该地是20世纪30年代由华联钢铁厂修建的拆迁户居住地），却使其具有了新的联想（华新可以让人联想到"新华"或"新"的意义）。

最让重庆人尴尬的是写错字、读错字造成地名的讹呼、讹传。黄葛树是重庆市树，一直都写成"葛"。刊登在《建设月刊》1929年第2期的《渝简马路全线工程办法大纲（附图）》中写道："道树不拘一种，择本地良好阔叶浓荫之树植之，惟禁用黄桷树。"此后，黄葛树就变成了黄桷树。重庆以黄葛为专名的地名特别多，如黄葛街、黄葛垭、黄葛坪等，这类地名中的"葛"几乎全部变成了"桷"，即黄桷街、黄桷垭、黄桷坪等。偏偏"桷"在普通话里又读"jué"，与重庆人读"gé"完全不同，甚至造成读音混乱。可能是有人望文生义，以为黄葛树那样的高大乔木不能用"葛"来表示，又找不到一个适当的字，就把重庆人读错的"桷"字拿来顶替，结果闹出大笑话，至今也无法纠正。类似的还有"塆"，其本义是山间的小平地，有人可能不认识该字，或者听了读音却写不出这个字来，于是写成了"湾"。重庆地名中有"塆"的特别多，几乎全部写成了"湾"。偏偏重庆也有诸如瓦厂湾、龙洲湾之类位于江湾、河湾处的地名。如果硬要将写成"湾"的地名全部改写为"塆"，又可能造成新的混乱。于是同一个地方，例如芭蕉塆，在其居民住宅的门牌上，竟然有芭蕉湾、芭蕉塆、芭蕉弯三种写法，让人匪夷所思。

重庆地名中用得较多的还有"崖"。重庆是山城，悬崖陡坡特别多，以此作地名的也就多。普通话里，"崖"读作yá，旧时亦读ái。重庆方言中，"崖"不读作yá，而读作ái。yá的读音似乎难以表达悬崖陡坡的意境，读作ái，既是古音，又有意味。不过，除洪崖洞外，其他的山崖却不写作"崖"，几乎都写成"岩"。普通话里，"岩"读作yán，重庆人却读作ái，与"崖"的古音相同。诸如观音岩、曾家岩、虎头岩等都是"崖"，其中的"岩"字都读作ái。为什么洪崖洞偏偏写成了"崖"呢？据推测，南宋彭大雅筑重庆城，将城墙扩展到了洪崖崖边，并设有洪崖门（此门那时不在洪崖洞附近）。彭大雅是文人，籍贯为江西，他见那里明明是"崖"，就加以订正，把"岩"字改写为"崖"字。他那个年代，"崖"可能就读成ái。哪知后来读音变化，"崖"读成了yá，但重庆人依然读作"洪ái洞"。"崖"字文雅，不如"岩"字形象，一看就懂，因此其他地方的"崖"便写成了"岩"。虽然"岩"也有山崖的含义，但一般情况下说的是岩石，与"崖"是"山或高地陡立的侧面"的意思相异。偏偏"岩"在普通话里又读作yán，重庆人以为"崖"在普通话里也读作yán。所以有重庆人向外地朋友介绍时会说成"这就是洪yán洞"，闹出大笑话。

可能正因为雅化、俗化、讹呼、讹传的现象太多，给重庆地名增添了更多的趣味和地方特色。其作为一种地方文化现象，值得我们去探究。

歌乐山释名

姜孝德

问到"歌乐山"一名的由来,回答最多的是"大禹会诸侯于涂山,召众宾歌乐于此",因而得名歌乐山。且不说内容的对与错,仅是查此话的出处就会查得人崩溃——既不见于《华阳国志》,也不见于《巴县志》,此话应是某个作者编的。乾隆《巴县志》说:"歌乐山,八甲。城西三十里,高五里。群峰北向,翠霭深浓,上有云顶寺,祀川主。李冰次子,俗称二郎,治水会歌乐山上,故名。寺侧有龙泉,下有冷水溪、凤凰溪。明王应熊题'峰高五岳'。余详十二景。""二郎治水会歌乐山上"几乎就是"大禹会诸侯"这一说法的翻版,只是主人公换成了二郎。民国《巴县志》就显得理智多了:"歌乐山,旧传李冰次子二郎佐父导水,驻节山上,异乐忽作,如闻钧天之音,故名歌乐。其说荒渺。或曰:其上松杉翳日,清风倏来,则万籁齐鸣,胜于鼓吹,是为近之。是山,崇可五里,崝嵘嘉陵江滨,层岭密树,倚天一碧。"[①]作者认为以传说解释歌乐山一名的由来是"荒渺"的,他另辟蹊径解释其由来:歌乐一名因风来林响,近似歌乐,故名。此说对不对,我们不讨论,但是此说却从另外一个角度告诉人们"歌乐灵音"的由来。

从古迄今,人们没有停止过对"歌乐山"得名缘由的探讨。清乾隆时,巴县县令王尔鉴为巴渝十二景中的"歌乐灵音"一景写了一首诗,诗前他写有小序:"歌乐山或云果罗,在直里一甲,俗传秦李冰子二郎佐父导水,驻节山上,乐作如闻钧天之音,故名歌乐。"在王尔鉴所处的时代,可能真有百姓称歌乐山为"果罗山",而文人嫌其文理不通,也不美,因而以谐音改作"歌乐山"。这一改,把歌乐山得名的由来弄得更加扑朔迷离了。

20世纪80年代,民间文学工作者在歌乐山上收集到多篇解释歌乐山名字来历的民间故

[①] 中国地方志集成·重庆府县志辑④·民国巴县志(一)[M].成都:巴蜀书社,2017:29.

事,其中四篇后来被收录在《中国民间故事集成重庆市卷》①中。故事从不同的角度解释了歌乐山得名缘由。这些故事自圆其说,并把歌乐山的得名缘由说得合情合理,生动有趣。其中一个说法是,歌乐山一名来源于锅锣石。传说,大禹治水大功告成后,设大锅宴客,天上的仙女也到此为大禹庆功。而锅锣石便是由宴客的大锅和仙女演奏时用的大锣演变而来。歌乐山一名就是由这坨石头的名字"雅化"而来。这些传说尽管说得有鼻子有眼,但是很难服人。②

有学者指出:"重庆市有歌乐山。巴渝方言,歌读 ko^{55},不读 ke^{55}。乐读 luo^{21},僚的对音,不读 le^{51}。宋代《方舆胜览》载:夜郎县有歌乐寨。清代《读史方舆纪要》载彭水县有大小歌乐山,黔江县有歌乐驿。歌乐,歌乐蛮(葛僚蛮)的简称。民国《巴县志》把歌乐山的'歌乐'臆释为松涛鼓乐,谬也。"③

现代人查找资料极其方便,借助互联网,我们可以查到许多有趣的信息。我在查"歌乐"一词时,发现许多音同或音近的地名,如重庆彭水有"歌罗山"(今名南望山)、重庆黔江也有"歌罗山"(又名高罗山、歌僚山),湖北桑植有谷罗山乡,广西苍梧旧有歌罗城,湖北恩施宣恩县高罗镇有歌乐城,湖南衡阳有岣嵝峰,全国多地有古楼山……为什么会有如此多音同或音近的地名呢?

今天,我们研究地名不能像古人一样只在汉语的范围里寻找答案,需要到汉藏语系各语言中去找读音相同或相似的词作为素材,然后来进行研究。这种"小地名,大学问"的思维才是今天研究地名应该有的态度。

探索歌乐山得名缘由,还涉及语言学、语源学,不然真说不清楚。我查到最有价值的一本书是清朝人程瑶田写的《果蠃转语记》。"果蠃"即"果裸","果裸"与"歌乐"的读音真是像。程瑶田认为,凡物圆而小者都可以叫"果裸"。他为了研究这个词的演变,竟然写了这本书,并且为果裸找到了 200 多个衍生词,也因此建立起了"果裸词族"。程瑶田的说法,令人惊叹:

---

① 中国民间故事集成重庆市编纂委员会.中国民间故事集成重庆市卷(上)[M].重庆:科学技术文献出版社重庆分社,1990.
② 中国民间故事集成重庆市编纂委员会.中国民间故事集成重庆市卷(上)[M].重庆:科学技术文献出版社重庆分社,1990:519.
③ 王国祥.南平僚族属证明法:探寻僚语底层并与壮泰语族比较[M]//周铃,王国祥.僚学研究(第二辑).北京:中国广播影视出版社,2017:25.

扬榷言之,果蠃之转,疾读之则瓜也,此以瓜为始语也。瓜为始语,声转则名为果为苽,《说文》别之以在木、在地,并举之则曰果蓏,施于物为栝楼,为土蜂,为鸟名,以形并圆全,故命名从同,此其一。圆全之义衍绎之而为曲屈,故舟之舳舻……①

他以"瓜"为起点,然后由"瓜"演变出"果"。瓜和果音近,并且都是圆形。的确,他的解释,让人信服。当代语言学家俞敏曾经用藏语来解释果蓏这个词。他认为这个词在藏语中最初是一个复辅音声母gl-,后来发生了演变,出现了g-l-和k-l-。藏语的圆球叫gala,轮子叫kolo,鼓叫klo,圈叫kol,与汉语的"果蓏"同源。②（这里标注的是国际音标。）语言学家任继昉在他的《汉语语源学》中花了很大的篇幅来解释"果蓏"的语源。他认为这个词族最原始的读音为"骨碌",其意为物体滚动时发出的声音。他沿着程瑶田的思路,为"果蓏"建立起了一个有18个义项的果蓏词族。这个词族以骨碌为核心语义群,最初的意思为"圆",不断地发生演变:圆形义、块状义、屈短义、圜全义……他为程瑶田的果蓏词族做了一个完美的解释。③

骨碌[k-l-]一词,演变出果蓏[g-l-]……而后不断地演变、扩展,形成一个庞大的词族。不过,它们的核心语义都是和"圆"有关的。圆圆的治咳的瓜叫果蓏(栝楼),像果蓏的瓜叫"葫芦";圆的头骨,就叫"髑髅"(骷髅);圆的眼珠,就叫"眴睒";圆的气管,就叫"喉咙";圆的车轮叫"毂轮"……即便是不懂语言学的人,按照他们的思路,也可以蒙几个出来,如窟窿、穹窿、骆驼、陀螺。基于上述分析,我们再来讨论"歌乐"。它的读音极像骨碌、果蓏,当然也有几分像昆仑(山名,任继昉所说的第六义——糊涂义)。"在突厥、蒙古语中,'昆仑'具有'环圆'之义。'昆仑'音近于库仑,'库仑(Kulun,环圆义)基本含义是圆形、环形'。昆仑由于'环圆'义而引申为四面群山所环绕的盆地。而'昆仑山'则是盆地周围群山中一高峰者。"④

综上所述,歌乐山之"歌乐(果罗)",应该是古人从某一个角度发现歌乐山或者歌乐山的主峰是圆的,故而取名叫"歌乐(果罗)"。这样的解释,应该是比较可信的,而且这一解释还圆满地回到了王尔鉴所谓的"或云果罗"这个起点上。

你说呢?

---

① 转引自路广正.训诂学通论[M].天津:天津古籍出版社,1996:131.
② 转引自吴泽顺.汉语音转研究[M].长沙:岳麓书社,2006:105.
③ 任继昉.汉语语源学[M].重庆:重庆出版社,1992:140.
④ 转引自南文渊.青藏人文地理观[M].拉萨:西藏人民出版社[M].2015:286.

川剧名旦黄荣华的艺术人生

邹俊星

黄荣华,女,1959年2月出生,籍贯四川,汉族,民盟盟员,国家一级演员,中国戏剧家协会会员,重庆市戏剧家协会副主席,第22届中国戏剧梅花奖获得者。

曾祥明老师现已70多岁,和黄荣华老师认识几十年了。他是重庆市川剧院的顾问,也是黄荣华老师"夺梅"剧目《长乐悲歌》的编剧。他关注川剧这个剧种的历史,同时也关注每一代演员的艺术心路历程。在此,我们结合他的观剧功力和编剧生涯,来展现黄荣华老师的艺术人生。

一、京华夺梅记

2005年,第22届中国戏剧梅花奖尘埃落定。重庆市川剧院国家一级演员黄荣华荣幸地成为这一届梅花奖的得主之一。

《长乐悲歌》剧照

梅花奖是中国戏剧界的最高奖，由中国戏剧家协会创办，自1983年到2004年，每年一届，已历时22年。在这22年中，获梅花奖的川剧演员达16位，其中四川就有14朵"梅花"，而重庆市的"梅花"，除佼佼者沈铁梅"梅开二度"外，就只有一个离开了舞台的马文锦。这与作为川剧重镇的重庆大不相称。此前，重庆市剧协曾推荐老生演员熊宪刚问鼎"梅花"，可惜其最终与梅花奖擦肩而过，未能给重庆带来新的荣耀。2004年，重庆市剧协推荐重庆市川剧院的黄荣华申报梅花奖，实在是顶了大压力，冒了大风险。这事，不仅关系着黄荣华个人的声誉，也关系着重庆市川剧院的声誉、重庆市剧协的声誉，更关系着重庆市文艺界与重庆人的声誉。

黄荣华幼时随父母回到祖籍四川省苍溪县，1972年考进该县川剧团随团学艺，1987年考入四川省川剧学校成人中专班进修3年，1990年调至重庆市川剧院。黄荣华师承刘世玉、许倩云等川剧名家，主攻青衣、花旦。代表剧目有《出北塞》《阖宫欢庆》《别宫出征》《三娘教子》《乔子口》《打猎汲水》《戏仪》《书馆悲逢》等。

《打猎汲水》剧照

黄荣华嗓音极佳，音质纯净明亮，音域宽广，音色甜美。她的声音穿透力强，极富艺术表现力，有一定的宽度和厚度，高音区清脆明亮，中音区甜美柔和，低音区饱满凝重。黄荣华的演唱新颖多变，其运气韵声吞吐自如。黄荣华能歌善舞，尤以唱功戏见长。在黄荣华常演的《阖宫欢庆》《打猎汲水》《出北塞》剧中,她的演唱极具感染力,达到了很高的境界。她充分利用板式快慢的变化,运用气息吐纳、抑扬顿挫等歌唱技巧对唱腔进行润色、修饰,从而使唱腔明晰流畅,一泻千里又起伏跌宕,这显现出了她在此方面的深厚造诣。

黄荣华于1996年以《杨汉秀》《出北塞》获四川省川剧旦角比赛一等奖;1997年以《打猎汲水》获重庆市专业艺术表演团体"舞台艺术之星"一等奖,曾由中央电视台《名家名段》及《梨园群英》专题播出;1999年举办"黄荣华专场演出";2001年获重庆市川剧院首届"山茶花奖";后为《金子》剧组女声领唱、全剧领腔,获"优秀音乐奖",并随剧组参加中国艺术节、中国川剧节、中国戏剧节等。

有了这样的实力,黄荣华在领导的鼓励与支持下,决心参加第22届梅花奖的角逐。这是她的第一次冲刺,由于年龄的关系,也是她的最后一次冲刺。根据梅花奖评选条例的规定:演员必须有一出首演剧目——就是一出没有任何人演过的戏,以衡量演员塑造人物的能力。

曾祥明不是川剧界中的人,但也不是川剧界外的人。他过去是教师,后来是政协干部,没"吃过川剧饭";但他一直酷爱川剧,写文章介绍川剧、评价川剧演出,还写戏剧小品、川剧剧本等。凭借自身努力,他成为中国戏剧家协会的会员。他曾整理过大型传统川剧《彩楼记》《吴越仇》,改写过折子戏《打柴教弟》《取筝惊丑》《宝玉哭灵》《太君辞朝》,都获得了好评,《取筝惊丑》还成了许咏明的保留剧目。他还创作过大型川剧《刻松记》。有这样的成果,黄荣华找他写剧本,也就不奇怪了。

黄荣华约请曾祥明写的这出新戏要求很高——是要到北京演出的,是要给专家评论的,是要夺取梅花奖的。曾祥明接到约请后,就根据黄荣华的年龄、身材和长于以声腔塑造角色的特点去寻找人物。找来找去,就找到了西汉初期的吕后。他阅读了司马迁的《史记》和大量史料,历时3个月,写出了一出六场大型川剧《长乐宫》的初稿,后改名为《长乐悲歌》。初稿经过了重庆市川剧院院领导、编剧、导演、重庆市剧协的专家以及音乐、表演等方面的专业人士的多次讨论。曾祥明根据他们的意见,反反复复进行了修改,等到演员进入排练场时,《长乐悲歌》的剧本已经是第17次修改稿了——花费了3年时间!

虽然,黄荣华在"申梅"时已经有了20多年的艺龄,也获得过不少荣誉。但这次"申梅"对她来说,意义十分重大,担子也是不轻的。2004年7—12月,她为了角逐中国戏剧梅花奖,反复地钻研剧本、体会人物情感、熟悉唱腔、琢磨表演细节。演过多年的老戏要打磨,新编的大戏要排练,在那火烧火燎的炎夏,黄荣华流了不少汗水。这位曾经获得多项奖励的优秀川剧演员说她连做梦都在唱戏!这除了表明她的紧张外,更表明了她的执着与用心。经过几个月的苦修后,2004年12月17日,"黄荣华专场演出"的锣鼓,终于在北京的中国戏曲学院逸夫剧场打响。

黄荣华最终不负众望,载誉而归。黄荣华夺取的,不仅是她一个人的荣誉,更是全川剧院的荣誉,全重庆市的荣誉!"梅花香自苦寒来","申梅""夺梅"的人都知道,凡是浇灌了"梅花"的人,谁都经历过一番彻骨的严寒!

二、艺术缘起

黄荣华这朵"梅花"的艺术成长路非常精彩,她的"梅花"功力从何而来,下面我们就细细道来。

《戏仪》剧照

重庆市川剧院优秀旦角演员黄荣华,出生在一个比较美满的家庭:父亲、母亲均是军人。她从小爱唱爱跳,结果在13岁时便"跳"进了四川省苍溪县川剧团。她肯吃苦,爱钻研,得到了剧团老师们的耐心教导,进步很快。到了1983年,她就开始在一些戏中担任主角和重要角色,能演出《焚香记》《三打陶三春》《红梅记》《铡美案》《狸猫换太子》《西施》《四下河南》等十几个传统大戏和《书馆悲逢》《乔子口》《戏仪》《八郎回营》《营门斩子》等十几个传统折子戏。她还在现代戏《李双双》中扮演李双双,《杨汉秀》中扮演杨汉秀,《柯山红日》中扮演加罗尕。在初学艺时,她主工稳重、朴实的青衣与妩媚、洒逸的花旦。但因剧团演出的需要,她服从组织安排,突破行当去扮演不同类型的角色。以骄横、火爆的泼辣旦扮演《杀狗》中的焦氏、《铁龙山》中的杜后,以纯朴、端庄的正旦扮演《二进宫》中的李国太和《包公赔情》中的王凤英,以刀马旦扮演《点将责夫》中的穆桂英,等等。1979年,她以《杀狗》在四川省南充地区青少年调演中获得"一等奖"。1986年,她以《打神》获得广元市青少年调演"一等奖";同年,拜四川省川剧学校高级讲师、国家一级演员刘世玉为师。1987年,她考入四川省川剧学校成人中专班。在3年的进修学习中,黄荣华得到了刘老师的全面教导,同时还向川剧表演艺术家阳友鹤、杨云凤等老师学习《打神》《杀狗》《铁龙山》等。尔后,她又得到了川剧表演艺术家袁玉堃、许倩云等老师的教导,加工排练了《评雪辩踪》《打神》《送行》《别窑从军》等。1990年毕业后,她被借调到重庆市川剧院,曾随团赴京参加第二届中国戏剧节,在给中央军委演出的晚会上,演出了《三瓶醋》(演朱秀英)和《拷红》(演老夫人),受到军委领导的肯定与赞扬。1992年,她正式调入重庆市川剧院。经过袁玉堃、许倩云、刘世玉、周继培等老师的教导,以及胡明克、赵又愚、夏庭光、沈铁梅、宋天伟等师友的指导,她的表演艺术水平得到了明显的提高。这十几年来,她先后演出了《出北塞》《八郎回营》《藏舟》《别窑从军》《戏仪》《别宫出征》《打猎汲水》《乔子口》《楚道还姬》《王婆骂鸡》《裁缝偷布》《智赚周舍》《戏楼》《三瓶醋》《书馆悲逢》《阖宫欢庆》《三娘教子》等剧目。她技艺全面、戏路宽广,既能演端庄娴静的青衣,又能演以念做为主、唱为辅的花旦,赢得了观众的喜爱。1996年3月,重庆市川剧院在新加坡参加文化节演出,黄荣华在3个风格各异的剧目中,扮演了3个有着不同地位、身份和性格的角色:在《李慧娘》中扮演李慧娘,在《潘金莲》中扮演武则天,在《望娘滩》中扮演聂母。1999年10月,重庆市文化局、市川剧院为她举办了"黄荣华专场演出"。

《别宫出征》剧照

自2000年至今,她在《金子》剧组担任女声领唱(2003年后担任全剧领腔),随剧组参加了中国艺术节、中国戏剧节、中国川剧节等,并赴韩国、法国演出。2001年,在庆祝重庆市川剧院50周年院庆上,她以唯一的一个"二级演员"的身份,与沈铁梅等6人一起荣获重庆市川剧院首届"山茶花奖"。

黄荣华声音条件好,能歌善舞,尤以唱功戏见长。下面,我们仅就她常演的几出唱功戏,谈谈她对人物的塑造。

三、三出好戏之一——《阖宫欢庆》

川剧传统折子戏《阖宫欢庆》又名《郗氏醋》。说的是南北朝时,齐国皇族萧衍奉命征伐北魏,凯旋还朝,娶回金、苗二妃。其妻郗氏知道后心中不悦,在阖宫欢庆之际,发了一通脾气,使萧衍诸人尴尬、难堪。这是川剧中以花旦应工的一折富有浓郁地方色彩与生活情趣的传统喜剧。要演好郗氏,就要准确地把握郗氏真诚、纯情、骄矜而又有些不谙世事的性格特征,以及这折戏轻松、欢乐的喜剧风格。黄荣华针对郗氏的表演概括出三个特点。一是"真",即表现一个青春少妇的纯情和对丈夫的真挚爱恋。演员在表演中自始至终都要贯穿这个"真"字,哪怕是一个细微的神情,也要表现出人物情感的纯真,不带一点虚假和市侩。

唯有如此，才能突出轻喜剧的风格，使人物形象变得可爱，"吃醋"的郗氏才能得到人们的理解与同情。二是"俏"，着重体现人物性格和形象的美。按行当划分，虽然郗氏归花旦扮演，但由于其特殊的地位和身份，所以演员绝不能按照一般花旦的演法去扮演她。黄荣华认为这个角色出身名门贵族，青春美丽，丈夫又是皇亲国戚，此时的她，言谈举止都是有节制的，所以不能演得花哨，特别是在人物心理和表现手法上，要把握好"吃醋"的分寸，不能演成骂街的"泼妇"，过火就会"变味"，就会损害人物形象。在理解角色的基础上，黄荣华在花旦手法中融入了闺门旦的技巧，"郗氏"骄矜的情态里蕴含着少妇的羞涩，她的"吃醋"，没有撒野，没有喊叫，有的只是娇柔的埋怨、妩媚的嗔怪、多情委屈的泪颜、纯情无垢的芳心……连那溢出来的"醋味儿"都是甜甜的。三是"妙"，在剧中的表演手法和声腔处理

《阖宫欢庆》剧照

均要达到富有感染力的艺术妙境。郗氏四个唱段中的第一段，是郗氏对萧衍唱的。曲牌是非常抒情并宜于叙述、咏叹的《香罗带》。这段唱腔由几十句唱词组成，黄荣华声音甜润、优美，一气呵成，她充分利用板式快慢的变化以及气息吐纳、抑扬顿挫等技巧，使整段唱腔明晰流畅、悦耳美听。有几个地方她处理得很精彩。例如"奴为君春来懒游芳草地，奴为君夏来不赏绿荷池，奴为君秋饮黄花酒无味，奴为君冬咏白雪诗兴微"，她把这四句"一字腔"唱得幽怨婉转、情真意切。最后那句"奴为君"，在"耍腔"中揉进了四川曲艺的"扬琴腔"，这使悱恻的声调更增添了几分缠绵，诗情画意般地表现了一个纯情女子思念丈夫的苦心。接下来，她运用连讲带唱的技巧唱道："恭喜你四朵莲花开并蒂，贺喜你鸳鸯比翼八个翅儿飞。洞房中四人对面说知心语，你要有三只手儿才能提笔来画眉！"以调侃的声调，幽默而含蓄地表达出郗氏对丈夫的不满和嘲讽，剧场效果分外强烈，往往是一句唱腔引起观众一阵笑声。当唱腔转快时，观众也平静了下来。后面的"快二流"，板紧腔快，其演唱如流星赶月，字字明，声声脆，似珠落玉盘，响亮悦耳。当唱到"既不依快快与我"时，板与腔同时突然休止，稍顿片刻之后她才放开歌喉唱"抬出去"，在"去"字上行腔，婉转着直达高音，并以揉腔结束唱段。这既表现了人物内心难以抑制的愤懑不平，又把戏推向高潮。

四、三出好戏之二——《乔子口》

此剧系《血手印》之一折，描写书生林昭德被冤判斩，押往乔子口行刑。林昭德的未婚妻王春艾不顾其父的阻拦，毅然到法场生祭。剧中王春艾有大段"数桩"的唱段，是川剧弹戏声腔著名的唱段之一。黄荣华扮演的王春艾，一身素缟，满腔凄切，悲悲切切地来到森严的刑场，祭奠即将屈死的未婚夫。虽然她冲破封建礼教的束缚，不怕世俗的讪笑，但她此时方寸已乱，泪眼迷离，四处寻觅，仍然看不清未婚夫被绑在哪一根桩上。她只得从头到尾，再从尾到头一根一根地数。她从一数到七，再从七数到一，这七个数字以递减或递增的方式，形成长短不一、反复交错的叠句。真是满腹辛酸事，千言万语情，尽在这七个数字之中。黄荣华充分利用弹戏"苦皮"节奏明快、弦音铿锵、板式灵活，宜于表现悲壮激烈、委婉缠绵之情的特点，在行腔上以颤

《乔子口》剧照

音、咽音、低音润色，将七个单调而抽象的数字与人物复杂而具体的情感融为一体，使表演产生出奇妙无比的艺术魅力。文字上反复回环的形式美，音乐上起伏跌宕的旋律美，加上黄荣华那如杜鹃啼血般的如泣如诉的声乐美，形成了让人荡气回肠、刻骨铭心的悲剧美。从整体上看，全段唱词可分为两个部分：先是正数，后是倒数。从具体结构上看，无论正数、倒数，都是按自然数的顺序，从先到后，又从后到先，加以对照。正数部分前六句都用"一呀一"收煞，"正"中有"倒"；倒数部分前六句都用"七呀七"收煞，"倒"中有"正"。其变化规律，给人一唱三叹的印象，使人感受到一种反复的形式美。而每一部分的最后一句，都用"一二三四五六七"作结，在混乱里求得统一，显得和谐而均衡。这"巧"与"奇"给了演员演绎的空间，演员则利用这个空间演唱出了这么一折好戏。

五、三出好戏之三——《打猎汲水》

《白兔记》是我国四大名剧"荆、刘、拜、杀"之一，也是川剧"五袍四柱"中的一个传统名剧，一般称之为《红袍记》或《李三娘》，《打猎汲水》即是其中一折。新中国成立后，《白兔记》

在戏曲舞台上基本绝迹,川剧除经过整理修改的《扫华堂》《夺棍打瓜》等单折外,均未见"整本"演出,就是《打猎汲水》这折戏也已辍演几十年。重庆市川剧院根据传统剧本进行了整理加工,保留了基本情节,使其故事性较为完整,对舞台调度作了新的处理,特别是在曲牌的运用、组合及在声腔歌唱的艺术表现力方面,都有所改革与创新,有了新生面。黄荣华对这出戏是陌生的。然而,凭着对川剧事业的热爱和对表演艺术的执着,在导演和老师们的悉心指导下,她努力创造角色,使这折戏达到了较为理想的艺术效果,也使她塑造的李三娘有一种感染人的艺术魅力。对于一个戏曲演员来讲,折子戏既好演,又难演。好演,是因为折子戏容量小,演员在演出中投入的精力相对大幕戏而言要少得多,轻松一些。但是,演员要在很短的时间内,在有限的情节中,演"活"人物,吸引观众,是需要下功夫的:不但要熟悉剧情的"来龙去脉",了解人物的性格特征和命运历程,还须在"唱做念打"上有"招数"、有特色,否则就会把戏"唱瘟"。这就是折子戏的"难演"之处。黄荣华首先是向老师们讨教,结合老师们的讲解,了解整体剧情和人物的关系、性格,从而把握李三娘善良贤惠、温柔纯情、知书识礼而又富于正义感的闺阁淑媛的角色基调。李三娘爱上了当时是佣工的刘知远,婚后对丈夫十分体贴。在兄嫂狠心的欺压之下,丈夫被迫从军离家。她抗拒兄嫂的威逼,"宁为奴,不改嫁",被锁在磨房过着"日间挑水三百担,夜间挨磨到天明"的悲惨生活。她在磨房产子,无剪刀剪脐带,只得用牙咬断,给孩子取名"咬脐"。为防止孩子被兄嫂谋害,她忍痛将孩子托人送往汾州给丈夫抚养,孰料音讯杳无,她怀着渺茫的希望苦苦挣扎了十六年。通过对剧情和人物的分析,黄荣华得出了这样一个结论:大幕戏《红袍记》的结尾是"大团圆",而《打猎汲水》中的李三娘却是一个命运坎坷、富有悲剧色彩的人物。黄荣华正是本着这一理解去把握《打猎汲水》的风格和氛围的,着重渲染悲悯的戏剧氛围,以此揭示人物的内在性格。她在表演上紧紧扣住川剧青衣旦稳重、含蓄的艺术特色,运用其舒缓而不压抑、凝重而不僵滞的艺术手段去表现人物的情态,使李三娘这个悲剧性的人物以贫而不贱、哀而不伤,身陷逆境又蕴含闺秀气质与神韵的形象出现在观众面前。对剧情的全面理解,对人物性格和命运的深刻分析,以及由此唤起的创造角色的艺术想象力和对表现手法的"有意识地选择与把握",是演员取得成功的重要前提。演员要使"纸上的人物"在"理性创造过程"中变为直观的感情形象,带着绚丽的光彩走上舞台。我们只有深刻地认识了人物,才能准确而生动地表现人物,这是戏曲演员创造角色的真谛。不过,戏曲演员赖以体现人物情感的是戏曲表演程式,合理地运用程式是准确体现人物情感的重要因素。在表演中,我们可以看出演员在这方面的功底和造诣——李三娘的出场，一句"兄嫂狠心"的"马门腔"，舒缓而哀怨，"心"字尾声拖长、翻高，而后略带颤音下滑，似苦痛的呻吟，如悲哀的叹息，使观众"未见愁人面，先闻愁人声"，从而达到"但闻哀声而知哀情"的艺术效果。接着，在弦乐伴奏中，李三娘肩挑水桶，缓步出场"亮相"：柔弱疲惫的身姿，近乎木然的面庞，怅然平视的目光，幽怨失望的神情。然后，她踽踽而行，"下阶"时止步揉膝……以这无声的造型和动作，勾勒出这位昔日闺秀饱受兄嫂虐待折磨后的情状和心境。纵观全剧，演员的表演身段节奏舒缓，动作开合不大，面部表情也没有过多反差。黄荣华"稳""平"的处理，既符合此剧抒情的风格，又适合表现"这一个人物"在特定的环境和条件下，那种长年处于困厄和哀愁之中的情态，因而其表演显得贴切、真挚。在演唱中，她吸收、借鉴姊妹艺术的歌唱技巧，在声腔上具有较强的表现力。她的唱腔有亮度、有色彩感，动听且感染力强，尤其是倾诉人物身世、遭遇的那个唱段，她以《新水令》曲牌为基调设计了唱腔，并运用秦腔（梆子）和美声唱法为声腔润色、造型，使这段"咏叹调"时而低回婉转，时而高亢激越，那句"盼来盼去，一盼就是十六年"的"拖腔"，由低到高，由强到弱，缓急间以咽声、颤音和滑音揉腔，唱得一波三折、荡气回肠，淋漓尽致地表现了李三娘怨愤、凄凉、绝望、悲伤的痛苦心情。《打猎汲水》演出后，受到了广泛好评。一出短短的折子戏，之所以能够获得人们的赞赏，取得演出的成功，是因为导演、音乐设计和老师们倾注了心血，当然也是因为黄荣华自己的执着和努力追求。

　　戏曲的唱腔艺术，在戏曲表演里，是塑造人物形象直接和主要的艺术手段，是戏曲艺术的第一要素。戏曲的唱腔艺术和戏曲的人物形象联系紧密。在我国数以百计的戏曲剧种里，五彩缤纷的唱腔艺术，历经悠久岁月，始终与其演唱者紧密联系在一起，有的甚至是歌者逝矣而佳音犹传。戏曲艺术青春永驻的根本也往往在于那隽永迷人的唱腔艺术。在四川方言基础上产生的川剧高腔及其唱腔艺术，鲜明地体现了四川方言之美。"字正腔圆，声情并茂"，戏曲讲究的是"腔由字生"。清人徐大椿在《乐府传声》中说："字若不清，则音调虽和，而动人不易。"字音不正，则字义不清，唱来使人不知所云，而思想不能交流，听者也就难为其所打动。戏曲，须有戏曲的味，这是戏曲的生命和神采之所在。唱不出戏味，首先就不能成为戏曲。这个"味"，既有剧种的"味"，又有行当的"味"，还有具体的人物之"味"。韵味不是情感的直接产物，而是技巧的直接产物，是使情感形象化、深化与美化的手段和由此而赋予的意境。韵味产生于技巧，来自戏曲化的吐字、发音、运腔、用嗓。演员掌握丰富的技巧，完全是为了以技巧的全部魅力去表现深刻的内容，塑造感人的艺术形象。戏曲演唱的声情并茂，就是这种创作的最高境界。在演员声情并茂的演唱里，洋溢着人物的生命力，放射着激情。声情并茂的演唱就是活生生地出现在观众面前的形象本身。

总的来说，黄荣华的艺术生涯是一段充满才情、热诚和坚韧的旅程。作为川剧的名旦，她以无与伦比的技艺、独特的风格和高尚的艺术品质，成为川剧舞台上的一位杰出代表。黄荣华的艺术创造力不仅仅限于舞台，她的教学也为年轻一代演员提供了示范，展示了如何坚持对艺术的热爱，以及如何在逆境中保持坚韧的精神。而今，黄荣华还在她热爱的舞台上发光发热，在川剧艺术中继续耕耘，继续激励着新一代艺术家，使川剧的艺术之花继续在中国的文化园中绚烂绽放。

文史辨略二则

蓝锡麟

常被误读的几首唐宋诗

在巴渝文学发展史上,唐宋诗风华绝伦,蔚为高峰,越千百年传诵不衰。但"大正常"中有"小遗憾",那就是明(如曹学佺《蜀中名胜记》)清(如王尔鉴《巴县志》)以降,由于某些隔代性阻隔,对于少量名人作品常解读失误。突出的表现有三:一为误认作者,张冠李戴;二为误释语词,捕风捉影;还有一个是误指出处,移花接木。延至现当代,更有不少人习焉不察,以非为是,甚至于还凭传说或者比附,在文字著述、评荐活动中广为传布。这已不是个人认知的差异问题,而是关系到了如何准确地诠释、科学地传承这份遗产的是非取舍,所以不能不针对地略加辨析。笔者仅就多年以来印象所及,列举以下几首,指出其误之所在。

一、沈佺期《过蜀龙门》

沈佺期为初唐代表性诗人之一,与宋之问合称"沈宋"。唐高宗上元二年(675)进士及第,由协律郎累迁考功员外郎,再迁给事中。至中宗神龙元年(705)坐事被流放驩州(在今越南北部),直到睿宗景云元年(710)才被召回,拜起居郎兼修文馆直学士,后历中书舍人、太子少詹事。他离长安后,取道汉中入蜀再南下,历时一年才到达流放之地。在蜀途中经过龙门峡,写出了《过蜀龙门》这首五言古风,凡16句。前4句直称此峡"西南出巴峡,不与众山同",中8句描绘其"诡怪"景象,末4句卒彰显志,抒发了"誓将息机事,炼药此山东"的心意。这个蜀龙门究竟在哪里,并不明确。明万历《江津县志》指认其为治西的龙门滩,稍晚曹学佺《蜀中名胜记》照用了此说,并将诗附在陈子昂名下。"息机"语出佛教《楞严经》卷六"息机归寂然,诸幻成无性"一语,意谓熄灭机心,忘形世外。"炼药"则是道家炼制丹药,以养心身的行为。"誓将"如斯,透露出了沈佺期当时人生失意的落寞心境和厌世期求。全诗结于"炼药此山东",表明了那里有山,与江津龙门滩并不是太吻合,拙作《巴渝诗话》曾疑当指今铜梁区安居镇琼江畔的龙门山,这里不讨论。

要辨明的是,陈子昂虽为蜀人,却从未到过江津,与这一首诗毫无关联。他于唐高宗显庆四年(659)生于梓州射洪(今属四川),调露元年(679)出蜀赴长安应科举试,先取道水路,由涪江入嘉陵江再入长江,然后顺江东下出三峡。在今重庆境域内,他沿途写诗,在铜梁安居、合州津口(今属合川)、北碚东阳峡、万州、夔州(今奉节)白帝城及瞿塘峡均有作诗,仅从诗题就足以确认他的行踪。更重要的是,毕其一生,无论顺逆,他都从未有过"息机""炼药"之类的隐遁念头。将沈佺期的《过蜀龙门》作者帽子戴到陈子昂的头上,误差委实太大了。

二、李白《峨眉山月歌》

这首诗作于他25岁即将"仗剑去国,辞亲远游"之际,脍炙人口,历代传诵。《蜀中名胜记》最早将其列入重庆府诗作,今之不少重庆人进一步说,它是最早写重庆的诗。只可惜,这样的解读似是而非,并不准确。因为如诗题所示,全诗的审美主旨在于"峨眉山月"中的"月",李白是借咏月来抒发他浓烈的故乡情。秋月半轮,倒影入江,随流远去,既是对自然景象的真实写照,又是诗人个人的生命体验,峨眉山月便复合成为月人与共、天人合一的审美意象。诚如清人沈德潜《唐诗别裁集》所见,"月在清溪、三峡之间,半轮亦不复见矣,'君'字即指月",而非任何友人实体。换言之,"思君"即铭心记念峨眉山月,即便从兹远游,也要人"影"长随,故乡情又与天下志相融,一明一暗,浑然天成。全诗4句28个字,相继使用了峨眉山、平羌江、清溪(驿)、三峡、渝州5个地名,其实是将峨眉山月作为贯穿主题,将李白个人对故乡的别绪与眷恋倾注于山、月、秋、江之间,具有词简意赅、情深意永的生命张力。因而不能说,这首诗是写重庆的,正如不能说它是写其他4个地方一样。

事实上,峨眉山月贯穿了李白一生,他59岁时写的《峨眉山月歌送蜀僧晏入中京》即为明证。其诗16句,峨眉月凡六见,特别是前4句写道:"我在巴东三峡时,西看明月忆峨眉。月出峨眉照沧海,与人万里长相随。"诗人与月生命长随的审美意蕴奔流其间,显示出了无论天下志实现与否,故乡情都难舍难弃。诗中也嵌入了巴东三峡、沧海、黄鹤楼、长安陌、秦川、吴越、帝都等特色专名。这一切,都可以引为《峨眉山月歌》的真诠旁证。

三、白居易《涂山寺独游》

全诗五言4句："野径行无伴,僧房宿有期。涂山来去熟,唯是马蹄知。"题有"涂山寺",句亦有"涂山",吟咏客体确定无疑。《蜀中名胜记》率先将其纳入重庆府条目,乾隆《巴县志》继而将其归入《艺文志》。今人彭伯通在《重庆题咏录》中更言之凿凿,指认涂山寺在南岸真武山,又叫真武宫。然而,唐代这座真武宫供奉的是道教北方玄武大神,即真武大帝,何以寺内有"僧房"了呢?更何况,白居易本人于唐宪宗元和十三年至十五年(818—820)出任忠州刺史,实在忠州只有一年多。唐代实行道(方镇)、州、县三级行政体制。元和年间,忠州属于荆南节度使管辖,渝州属于剑南东川节度使管辖,相当于今分属两个省。忠州与渝州之间,水陆距离约500千米,当时一次来往,至少需要半个月。既如此,又怎能做到"涂山来去熟,唯是马蹄知"?疑窦重重,殊难令人相信确如他们所解。

深入查一查,总算明白了,白居易独游的涂山寺在大唐帝都长安。唐代佛教兴盛,寺庙众多,今西安市长安区南部尚存一处黄土台原(即塬)阶地,叫作神禾原,曾有唐代极盛一时的兴教寺、兴国寺、华严寺等八大寺,同时还有晋代所建道安寺,隋代所建慧炬寺和皇甫寺,其中皇甫寺又叫涂山寺。延及宋代,此涂山寺仍然存在,张礼《游城南记》犹称"憩涂山寺",并且续注说涂山寺在皇甫村神禾原之东南。相比较而言,八大寺最受达官贵人、文人雅士青睐,车马相望,管弦相继,而涂山寺则清净得多。白居易于唐德宗贞元十六年(800)举进士,之后又中拔萃甲科,历任秘书省校书郎、翰林学士、左拾遗,做了十年相当于今主任科员以下的低品闲官,才华和抱负均未得伸。基于此际遇,他于闲暇时经常独人独骑游涂山寺,甚至借宿于僧房,排遣郁闷。对应4句诗,字词全都落到实处了。彼涂山寺非此涂山寺,可以说昭然若揭,毋庸置疑。

四、元稹《离思》之四

基于这首诗第2句为"除却巫山不是云",重庆直辖后,不少人将其视作写重庆的诗,几年前还将其评为写重庆的最美古诗之一。持其说者忽略了,这首诗第一句为"曾经沧海难为水",难道同时又是写沧海的吗?显然不靠谱。这首诗以及《离思》其他四首诗,全是写给某一个女人的诗。元稹是一个有着多重性格的人,在男女关系上,用情甚深与用情不专集于一身。他曾爱上双文(即《莺莺传》中崔莺莺的原型),为攀附权贵以图仕进,22岁时即弃双文,娶韦丛为妻。在韦丛生前身后,他相继与当时的才女裴柔之、薛涛、刘采青等长久保持着情人关系,后来还纳刘采青为妾。唐宪宗元和三年(808),当元稹在巴蜀正与薛涛卿卿我我的时候,结婚七年留在长安的韦丛暴亡,他赶回长安时已经天人永隔。后来,他作《三遣悲怀》以追悼亡妻,反复咏叹"昔日戏言身后事,今朝都到眼前来""诚知此恨人人有,贫贱夫妻百事哀""闲坐悲君亦自悲,百年都是几多时",表明他对韦丛确有真感情。在为妻营葬后,他心绪极度恶劣,为一桩小事触怒宦官,受辱于驿既而被贬为江陵(今湖北荆州)士曹参军,闲处四年多,《离思》五首便作于其间。自古及今,或说是悼念亡妻的,或说是写给某个情人的,殊难定论。笔者从整体五首情调不类悼亡看,属意后一说。

不管采用哪一说,都可以肯定,《离思》之四是元稹对某个女人表白心迹的诗。前三句托物取象,由远及近、由大及小、由物及情地连设三喻,以证明自己专情于一。"曾经沧海难为水"一句,典出《孟子·尽心上》"观于海者难为水",寓意什么样的女人都见识过了,不是我心仪的女人我绝不会动心。"除却巫山不是云"典出宋玉《高唐赋序》"妾在巫山之阳,高丘之阻,旦为朝云,暮为行雨",寓意除非是巫山神女一样的女人许身于我,否则什么样的女人我都看不上眼。"取次花丛懒回顾"借花喻人,寓意我的身边美女多如花丛,但我都懒得看她们一眼。为什么能这样呢?"半缘修道半缘君",意即一半是因为我本人敬佛悟道、心性高洁,一半是因为你就是如沧海水、巫山云一样的女子。这简直太会哄女人了。真的靠谱吗?实在太难说。因而清人秦朝纡《消寒诗话》评论说:元微之有绝句云"曾经沧海难为水",或以为风情诗,或以为悼亡也,夫风情固伤雅道,悼亡而曰"半缘君",亦可见其性情之薄也。单凭"巫山"二字便误读误传,未免不妥。

五、李商隐《夜雨寄北》

"君问归期未有期,巴山夜雨涨秋池。何当共剪西窗烛,却话巴山夜雨时。"广为传唱的七言四句,竟有两点为人所争论。一为首字"君"究竟指友人还是指妻子,这直接关联到诗题究竟是"寄北"还是"寄内"。二为"巴山夜雨"两见,诗中的"巴山"究竟是指何处的山,这直接牵涉诗作于哪里。《重庆题咏录》收入此诗,谓佛图关上有夜雨寺,开了将此诗系作于重庆的先河。进而有人另起一说,认定巴山即缙云山,此诗写于山上相思寺。前几年评写重庆最美古诗,《夜雨寄北》也入选了。然而,李商隐何时到过渝州,却一直无人说得出来。查一查在清人朱鹤龄《李义山诗谱》、冯浩《玉溪生年谱》的基础上,近人张采田以史证文、以年系诗而辑成的《玉溪生年谱会笺》,不难发现李商隐虽在巴蜀地区生活过4年左右,却从未履迹渝州,根本无可能在佛图关或缙云山写出这首诗。按上述年谱,唐宣宗大中五年(851)李妻王氏病故,7月,东川节度使柳仲郢聘李商隐为掌书记。大中六年(852)起,李商隐在梓州(治今四川三台)柳仲郢幕府中任掌书记,直至大中九年(855),随柳仲郢回长安。节度使幕府的掌书记只是一个相当于今副主任科员的从八品下小官,李商隐不可能想到哪里去就到哪里去。后升职为节度判官,仍只是一个相当于今主任科员的从八品上小官,必须听从差遣。大中七年(853)四月,杜悰由西川迁往淮南,李商隐奉柳仲郢命,曾经往渝州界首迎送杜悰,事毕旋即返梓州。这是李商隐一生中唯一一次临近渝州地界,却并未进入渝州主城地带,时令是四月而不是秋天。年谱明确地记载,《夜雨寄北》于大中八年(854)作于梓州。参证前一年所作的诗,《初起》有句"三年苦雾巴江水,不为离人照屋梁",《夜饮》有句"烛分歌扇泪,雨送酒船香",《二月二日》有句"新滩莫悟游人意,更作风檐夜雨声",用字遣词,造境寄兴都与《夜雨寄北》颇相近,足见应相信年谱,不信传言。

六、寇准《武陵景》

"武陵乾坤立,独步上天梯。举目红日尽,回首白云低。"这五言四句气势博大,但一概直陈铺叙,平仄音律也不甚协调,并不见于学界认同的304首寇准存诗当中。是黔江人士率先说出,寇准曾在当时的黔江写出了这首诗。前几年评写重庆最美古诗时,《武陵景》入选了。近有选本解释说,此诗为寇准出任巴东知县,外出考察民情,途经黔江武陵山时所作。言之凿凿,似无可疑,其实不然。查一查《宋史·寇准传》,寇准是于太宗太平兴国五年(980)时中进士,同年得授巴东知县,22岁离开巴东。北宋实行路、州(府)、县三级行政体制,巴东县隶属于荆湖北路的归州(治今湖北秭归),黔江县隶属于夔州路的黔州(治今重庆彭水),相当于当今分属两个省。一个七品芝麻官的巴东县令,怎么敢跨省区跑到黔江来考察民情?再说了,即便同属一个省区(当时的路),当时由巴东到黔江,往返一趟至少一个月。黄庭坚所作《竹枝词二首》中"浮云一百八盘萦,落日四十八渡明"的诗句便反映了此趟路途之遥远。勤政的寇准怎么会做这种傻事?所以说,即使寇准真写过《武陵景》一诗,也绝无可能是在黔江写的。

老实说,笔者怀疑这首诗系后人伪托,原因有二。其一为,寇准不仅在政治上干练精进,名重一代,而且文学造诣相当高,诗词俱佳,七绝尤精,有《寇忠愍公诗集》三卷传世。可是诗集中并无这首诗,与存诗相较,这首诗也颇失水准。其二为,寇准离开巴东后,仕途顺畅,出将入相,长达37年未在武陵地区任过职。直至宋真宗天禧三年(1019)被诬罢相,接连三次断崖式降职,第三次被降为道州(今湖南道县)司马,才短暂地又到了武陵腹地。当时他年届59岁,心境不大畅,很难写出格调如《武陵景》的诗来。即使真在道州写过《武陵景》一诗,也与重庆不相干。

七、朱熹《北岩题壁》

"渺然方寸神明舍,天下经纶具此中。每向狂澜观不足,正如有本出无穷。"4句全说理,近乎偈言诗。涪陵人士宣传说,这是一首朱熹题在北岩书院壁头上的诗。市内亦有学者认定说,此诗为朱熹居涪州时所作,强调心为神之居,乃大道之本原。这样的解读,与诗的意旨是切近的,但说朱熹曾居涪州却空穴来风,找不到根据。详考朱熹的一生,为官、治学的主要地域乃在其故乡福建,以及创建白鹿书院的江西,西行最远只到过今之湖南、湖北,与岳麓书院结下不解之缘,却从未履迹巴蜀地区。既从未履迹巴蜀地区,就绝无可能在涪州的北岩书院壁上题诗,认定失误当属无疑。那么,朱熹写没写过这样一首诗呢?写过,那是他所作《训蒙绝句》当中的作品。在南宋学者徐经孙的《徐文惠存稿》卷三里,有《黄季清注朱文公训蒙诗跋》一文,引朱熹自序说,乃病中默诵四书有所思之作。蒙即蒙童,训蒙即指对学童进行启蒙教育。据说《训蒙绝句》原本有98首至99首,散见于多种文本当中,如《朱文公文集》卷二收录《困学》等6首,《永乐大典》卷五四一收录《中庸》1首,《八琼室金石补正》卷八三则收录了《观澜》1首,而《观澜》恰正是所谓《北岩题壁》的原诗。朱熹作为集大成的理学大师,一贯认为理是万物的本体,心是认识的主体,因而主张"正心"。"方寸"即心,心主神明,故而《观澜》一开始即谓"方寸神明舍"。第二句承接,"天下经纶"指治国平天下的大道理,"具此中"强调即便治国平天下的大道理也从属于方寸神明,何况乎其他。第三句落到观澜意涵,"狂澜"概喻万事万物的外在形态,直言从其中能够"观"察出诸种"不足"。然后结句显志,托出"有本"方能"无穷"的主旨,而"本"正在于"正心"。朱熹训示蒙童的,便是这一条理学之道。兴许是在涪州的某位后学,读到了《观澜》一诗,深以为至理,不愿意独享,因此将其题在北岩书院壁头上了。更后来的人不知来由,误以为朱熹本人到过涪州,且题过诗,于是将《观澜》改题误说成《北岩题壁》。

《观澜》之类训蒙诗,将深邃博大的理学道理寄寓于浅显直白的韵语之中,的确有助于启迪学子,开悟后学。但理胜于文,兴味不足,毕竟是缺点。其实朱熹为人为诗并不刻板,如其《春日》诗所写"等闲识得东风面,万紫千红总是春",《观书有感》诗所写"半亩方塘一鉴开,天光云影共徘徊",劝学诗《偶成》所写"未觉池塘春草梦,阶前梧桐已秋声"之类,还是形象鲜明、情理交融,历来广受称道的。站在审美欣赏的立场,要讲朱熹诗的代表作,理当是后一类。至于《观澜》的传扬价值,更多是在认知上。

就管窥所及,被误读的唐宋诗还有寇泚的《度涂山》(因涂山而误),李白的《窜夜郎于乌江留别宗十六璟》(因乌江而误),李商隐的《巴江柳》(因巴江而误),文天祥的《张制置珏》(因张珏曾在重庆抗蒙元而误),等等。但其传播面及影响不及上述诸诗,故恕不逐一辨析。

总而言之,守敬而近善,立诚以存真,文化传承既要讲深入挖掘,又要讲准确诠释。唐宋诗距当今人历时久远,读解中发生失误并不要紧,一经发现,匡正即可。比如《过蜀龙门》,将作者归还给沈佺期,依然可以继续礼赞它是一首写重庆的好诗或美诗。又如《北岩题壁》将其原题回归为《观澜》,并且适度讲明由来,不再说朱熹到过涪州,也依然可以继续传扬,保留一段人文佳话。至于另外5首诗,即使不再宣传它是写重庆的诗了,也丝毫不会贬损唐宋诗在重庆地域文化发展史上的杰出贡献和崇高地位。相反地,怕就怕不肯正视,在认知上变相搞少数服从多数,即使有误也拒斥真相,以讹传讹,贻误后人。

2023年3月11日于淡水轩

春申君与万顷池

战国后期,楚国春申君黄歇与齐国孟尝君田文、魏国信陵君魏无忌、赵国平原君赵胜合称为"战国四公子","皆明智而忠信,宽厚而爱人,尊贤而重士"(汉贾谊语),留名史册。其中尤以《史记·春申君列传》传文最长,记载传主的生平事迹最为详密,远在其他三人之上。但是,黄歇的籍贯是哪里,本传并没有交代,自古及今多说并存,未有定论,主要有河南潢川说、湖北江夏说、湖北荆门说、湖南常德说、四川达州说、重庆巫溪说等。究竟是哪里的可能性最大,需要结合文献诠释和田野考察,详加考辨,据实立言。

相比较而言,四川达州说的文献资料不仅出现早,而且积存多,值得给予足够的重视。关键视点在于,历代文献都指向了万顷池,唯达州有,他处均无。

最早的记载见于东汉年间的《巴郡图经》。《巴郡图经》图文兼备,专述巴郡,理当是有实证依凭的。该书虽已亡佚了,但南宋王象之的《舆地纪胜》作了引述,足见至迟在南宋时期,

《巴郡图经》仍然存在。

率先把万顷池与达州连在一起的,是《元丰九域志》。在附录中的"达州"目中,有万顷池,《图经》云春申君故居之遗也的说法。其后的官修地理总志《元一统志》和《大明一统志》都沿用了这一说法,确认万顷池就在达州。略有不同的用语在于,《大明一统志》认为,万顷池,在达县(明代曾改达州为县)相传为春申君故居,特意加了"相传"二字。清代雍正七年(1729)的《四川通志》,亦承袭此说。有了"相传"就更严谨。

明人曹学佺所著《蜀中名胜记》一书,分道分府分县记述全蜀名胜,可信度相当高。在"下川东道""夔州府"的"太平县"目中,他引《舆地纪胜》说:"太平东七里有龙潭,群峰环拱,凡七十二浦会合。"又说:"东北八十里,万顷池,是春申君故居。旁有平田万顷,邻邑诸水源皆出于此。"这样的说法有三点新意:一是缩小了范围,确指"太平县";二是把万顷池的地理方位定下来了,确认其在太平县的县治东北八十里一带;三是标示出了万顷池的两大特征,即其附近有平田万顷,并且还是邻邑诸水的源头所在。清人顾祖禹的《读史方舆纪要》"太平县"目也认同其说。

在此基础上,清人钟莲主编的《太平县志》进一步指认:万顷池,在县东三百里。一名千顷池,在峡口山之南,交大宁县界,接连万顷山。幽谷深菁,水潴为池。水分四道,一为县之北江,一出大宁,一出奉节,一出云阳。与曹、顾之说相较,除了与县治的距离差异较大外,钟说有三点说得更细致、更精准,因而更值得采信。一为交大宁县境,接近万顷山。二为其地峡谷幽深,林木秀美,且有大片地面积水形成湖泊。三为源于其地的河流朝着四个方向流去,皆有实在的认定。

从曹学佺到顾祖禹,再到钟莲,他们都对达州说细化指实,认为万顷池在太平县境内。据之作出合乎事理的判断,确证从东汉《巴郡图经》始,历宋元明清一直相传为春申君故居的万顷池在太平县东部地区,决然不属牵强附会,空穴来风。

那么,与当今地名以及地理环境对应,历史上的万顷池又是何所指呢?近二三十年以来,四川的一些专家学者相继发声,说有三个地方曾经叫万顷池。按他们所说,一个在达州,一个在万源,一个在城口。他们倾向排除城口,或说系指达州麻柳烂泥湖,或说系指万源石塘坝龙池。然而查一查历史建置,这两个地方虽然隶属达州,却都不是太平县属地,三大地理特征也难都对上号。因而大可存疑。

还有一个余下的城口。查一查历史建置便明白了,今属重庆的城口,秦汉均属巴郡宕渠县,东汉和帝以降直至隋唐五代均属达州宣汉县,宋元属达州通明县,明属达州太平县,清属夔州太平县,至1913年方独立建县。明清太平县,即今四川省达州市宣汉县。曹、顾、钟所指的太平县,就包含了今重庆市城口县。今之城口县,恰正位于当年太平县县治以东。

更进一步作田野考察,如今经公路入城口县,入境未久公路以南即有路标指向龙潭,印证曹说不虚。再由县城葛城街道向东南方行进,约70千米即抵达黄安坝风景区,其距离正在曹说与钟说之间,不必太拘泥。黄安坝分布于大巴山主峰地带,高山草场东西长50余千米,南北宽10多千米,总面积达30.6万亩,四周林海苍茫,群峰竞秀,果真是幽谷深菁。历经2000多年的岁月淘洗,万顷池虽然多已变成广阔草场,但仍存在长约500米,宽约100米的天鹅池,依稀可见水潴为池的遗韵流风。

更不容忽视的是,万顷池处在跨越今属重庆的城口、巫山和今属陕西的镇坪三县之间的万顷山西南部,正与巫溪县地界相接。巫溪县建置甚早,北宋即由先前之北井县、大昌县而改设为大宁监,元代升为大宁州,明清又称大宁县,所以黄安坝千真万确是交大宁县境,接近万顷山。城口境内的任河(北江)即发源于万顷山,西北向流经今四川万源、今陕西紫阳而注入汉江,成为汉江的一级支流。大宁河的支流后溪河也发源于万顷山。流向奉节的梅溪河以及流向云阳的东河,则发源于黄安坝所在的大巴山区。《太平县志》所说的水分四道,每一道都能确证无虚。

再转而追溯战国历史,今河南潢川,曾是楚国附庸黄国的封地,极大可能是黄氏的祖居地。但当年战乱频仍,黄歇某一代祖先率领族人逃避战祸,移居到湖北江夏、湖北荆门、湖南常德都有可能,移居到大巴山也有可能。因为据《华阳国志·巴志》记载,楚宣王九年(前361)即发生了"楚自汉中,南有巴黔中"。今川东北,渝东北至渝东南广大地区都为楚国所占有,黄氏族人移居其间的概率不小。相传春申君黄歇的故居(即出生地)在万顷池,其址大则在达州,中则在太平县,小则指向今之城口县黄安坝("黄安"意涵是否指黄氏族人赖以得安,尚待考),这一逻辑显然能成立。如此特殊的一份历史名人文化遗产,委实可遇而不可求,真心期盼今之城口人倍加珍惜,尽可能将其用于文旅融合,以推动黄安坝乃至城口县的文旅事业迈上新台阶。

在这一点上,巫溪县的主政者和文化人就敏锐多了。大致二三十年间,他们一直在宣传,春申君故居所在的万顷池,实则就是巫溪县的红池坝。尽管自从东汉献帝十五年(210)建县以来,县境从未归属于达州,从未与太平县相交,但在战国时期都未曾建县,谁又能断定当年的红池坝不是万顷池的一部分呢？因为万顷山的主体就在巫溪县境内，红池坝就在万顷山西南部，与黄安坝山水相系，隔界相望。更何况，作为中国南方第一高山草场，其总面积达到36万亩，花草林木浩瀚如海，同样富集前人所描述的万顷池的诸般特征。正因此，笔者坚定认为，城口县黄安坝和巫溪县红池坝都是昔日万顷池的历史性遗存，两县两坝尽有理由共有共享春申君和万顷池这样一份文化遗产。叫响春申君，重塑万顷池，渝东北的大巴山区当能激活一股文旅共荣新风。

2023年3月18日于淡水轩

艺苑

《白雪兆胡同　家家挂红灯》　水粉画　陆岩（北京）

《白族火把节——火火的民族》 油画 谢振华（云南）

《布拉格之恋》 中国画 谢添（山东）

《筑梦者》 油画 王群（重庆）

《飞翔的梦》 雕塑 覃石胜（广西）

《毛相林》 雕塑 张俊德（重庆）

《古村走廊》 油画 齐军玲(江西)

《墨韵禅音图》 中国画 罗礼明（重庆）

《阳光下的午后,像诗一样生活》 油画 吕洪樑(上海)

《丝路古城》 油画 黄睿（重庆）

《语言的边界》 油画 蒋远翼(浙江)

《秋间叠翠》 中国画 杨娟（重庆）

《游心》 绢本设色 籍洪达（北京）

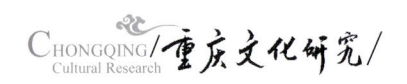

《山风吹过》 油画 李一夫（重庆）

《长江魂——三峡纤夫》 油画 陈可之（北京）

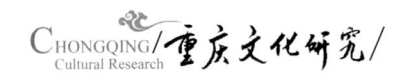

《乡土恋歌》 中国画 石维念（重庆）

《静–观物》 油画 耿建（浙江）

《潮·音》 综合材料 刘大勇（重庆）

《琴音古韵之九》 油画 梁树昌（重庆）

《路罗茶旧沟村之三》 水彩 叶猛（湖北）

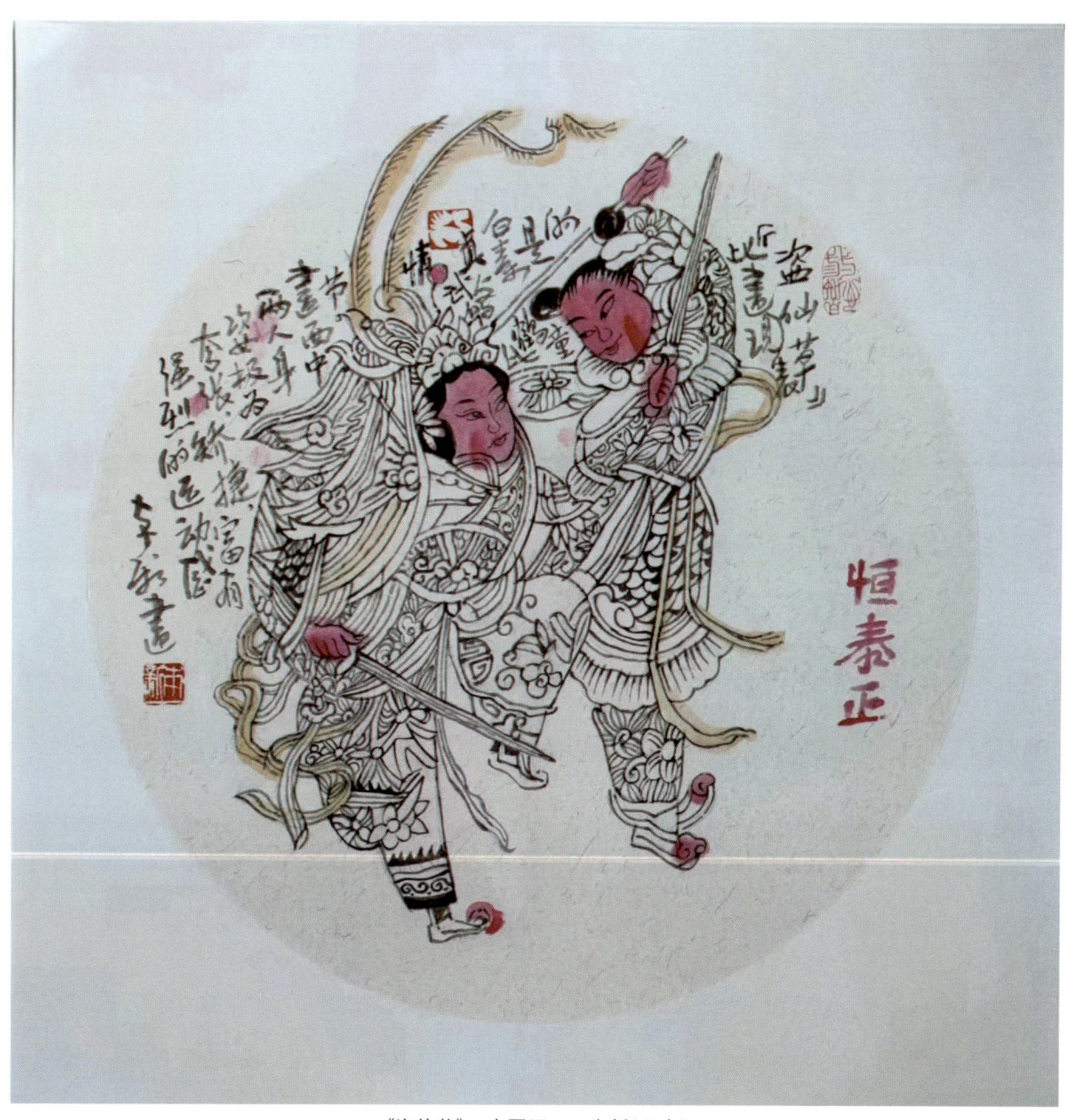

《盗仙草》 中国画 吴本新（重庆）

《女子侧身像》 油画 李犁（重庆）

《夜》 油画 李枫（江苏）

《山魂》 中国画 谭市民（重庆）

《云起约园》 油画 赵康（江苏）

《溶于夏风》 油画 李欣桐（重庆）

张大千与大足的故事

陈先学

川渝大地，巴蜀山水，地灵人杰，人文厚重。长江嘉州，大佛神秘。沫水若水，沫若郭氏。嘉州、内江，州郡相望。大足、内江，香国、海棠。佛都艺海，石刻之乡。巴蜀文化，令人神往。

著名画家、书法家张大千在巴蜀大地留下了许多有趣的故事。

一、张大千的名人印象

张大千银须髯髯，如白色的瀑布，飘飘盖住脸腮，白如雪原。

1899年5月10日，张大千出生于四川内江的一个书香门第家庭。1983年辞世。原名正权，后改名爰，字秀爰，号大千居士。他毕生以绘画为业。天姿超迈，笔纵奇逸，画艺、书艺瑰绝。他凭借手中的笔，传播中华文化，是我国的一代国画大家。他绘画、书法、篆刻、诗词无所不通。早年，他钻习古人书画，尤其在山水画方面卓有成就。旅居海外后，其画风有所改变，将工、写结合，重彩、水墨融为一体，开创了泼墨、泼彩新画风，影响巨大。张大千是世界最为传奇的国画大师，被誉为"五百年来第一人""东方的毕加索""宇宙难容一大千""中国文化的使者"。

1958年，在美国纽约举行的世界现代美术博览会上，他以一幅《秋海棠》荣膺金牌奖，被公众推崇为"当代世界第一大画家"。

二、张大千在大足"落草"

1916年，17岁的张大千在重庆求精中学念书。这年6月放暑假后，他从重庆出发，踏上成渝古驿道，经巴县、铜梁、璧山进入渝西永川界，走在从永川通向大足邮亭的一段成渝官道上，看见一群群善男信女和香客川流不息地涌向宝顶。张大千原本学美术，一直醉心于古人物绘画，他知道大足石刻是艺术精品，于是与善男信女、香客结伴而行，决定一起到大足去看看北山、宝顶。

那会儿，连接成渝两地的只有这条官方的古驿道。古驿道擦大足南沿县界而过，大足去成渝两地的驿道节点叫"邮亭"驿。从邮亭到大足，没有驿道，更无公路、官道，只有曲曲弯弯、窄窄小小的石板路。

那石板路从邮亭经双路、九节河、茅店子、龙水镇、冉家店子、水车铺、耗子口、鄢枝碑等众多骡马店和脚力点后，才能进到大足，走向宝顶、北山。

当时交通极为不便，沿途"棒客"、土匪为患。张大千他们在邮亭一下驿道就碰上了土匪抢劫。被抢的善男信女和香客们吓坏了，将随身携带的财物如数交出，还有人喊爹叫娘吓得哭。

张大千见了，往外一站，说："值钱的东西就那么些，已压不出油水了，他们要去烧香还愿，算了，放了他们吧，交不了差，你们押我去见你们黄大王好了。""你认识我们大王？你值钱？有钱？！""在大足永川交界的西山黄泥塘，谁不知道'黄汪汪'？！再说，"张大千顿了顿话头，打量了一眼几个土匪小喽啰，"虽然我没钱，但是我家里有钱，我脑壳值钱啊！"

一伙土匪见张大千年轻时尚，气宇轩昂，扔开善男信女和众香客，果真掳了张大千去西山黄泥塘。

与山寨土匪大王见面后，张大千说："别人吃斋念经奉佛为上，你们不该去抢。我有点钱是父母的，不是我的，又没带在身上，是打，是杀，是惩，是罚，还是放，但凭大王。"

"你小子勇敢、张狂，我不杀、不罚，也不放，我要你留在我身边，当落草文王。"黄大王很欣赏张大千，居然要封他当"书记官"，做土匪窝窝里的文书。

张大千说："你要我落草，还封我当文书，可以。但你要答应我，奉佛自由来去。学美术，画人物，自由练习，随性看书、写字。还有，寻找香海棠，不受干预。"

"哟，小子。你把我这里当成了什么地方？是西山书院，还是县城街上？！不，不是！我这是黄泥塘，是绿林豪杰聚义的深山老林，是皇帝老子都管不了的天堂。既如此，不能由你说什么就是什么吧？"

"既然你要留我，当然我要提点条件，说说我是怎么想的，让你明白：士可理由明白地杀之,不可屈志而留之、辱之。"

"好,你可以说出需要我谅解的道理。"

"奉佛是各自不同的人生追求,我奉佛是崇拜大足那些石刻,它们是最美的艺术。学美术,画人物,特别是画古代人物像,是我的专业,是在学校读书要完成的任务。随性看书、写字,既是我要具有的本事,又是我要给你当文书必须拥有的两把刷子。至于为啥子要寻找香海棠,这事说来话长,一般绿林弟兄们也不懂,你是大王,是懂的,我可以讲。"张大千想了想,又说:"大王可以给我一杯水喝吗?"

"好,我给你倒,端给你。"黄大王倒了一杯水,端给张大千,说:"在黄泥塘这地方,我还是第一次为人端水哩。"

"谢谢,谢谢大王。谢谢大王宽待后生。"

"小子,你嘴甜,我喜欢,但还不能说服我答应你的条件。说吧,天下哪有香海棠?你要寻找的香海棠是什么?"

张大千说:"在学校图书馆我看到一篇文章,说古时大足很荒凉,朝廷派的官都不愿赴任。大足什么都没有,但天下海棠通皆无香,唯大足的海棠,色香俱佳,为天下一绝。某年,朝廷委派李丹到大足(时为昌州府治地)当县官,他同样不愿意到这不毛之地。其朋友彭渊材知晓后便劝他,说昌州是个好地方,还是赴任好。李丹大为不解。彭渊材说:'天下海棠无香,昌州海棠独香,非佳郡乎?'清代地方官员有诗写道:'洛阳未许擅风流/独让佳名在此州/妃子午眠春昼永/天仙醉舞晚风柔//召公芳树千年馥/荀令奇香尽日留/最是渊材风雅处/劝人典郡意悠悠//。'这便是在大足一直传诵的《海棠香国》诗。这诗虽然比明朝袁宏道的'念取昌州旧海棠'晚,但它再次证明,我寻找香海棠,有诗为证。如果能找到香海棠就是千年圆梦,吾蜀地重光。"

"你小子言之有理,但我却之不恭,因为绿林、黄泥塘与学校、社会不同。"

"那好,我做一些让步吧。"张大千说,"一,礼佛心中过,不在嘴上说;二,练画不用纸,司古、画人地沙里;三,看书、写字,不违绿林规矩;四,寻找香海棠至少两个人,一块儿出去。"

"哈哈,你小子一切都懂得起,你留下,只要你不逃跑,我会永远重用你。"

张大千心下说:"要我一辈子当土匪?我才不干哩!"过了三个月,事办多了,人混熟了,永川、西山、大足的地皮也踩熟了,大王和绿林弟兄们全放松了警惕。张大千忽然不见了。

张大千得脱,既得益于黄大王开恩,又因为永川、黄泥塘、大足三交界,可以回旋。据说当年的土匪头子,就是20多年后称霸大足的"干狗"黄庆云。

对于张大千在大足"落草"的往事,中国广播电视出版社出版的《莲荷禅韵》一书记载:1916年暑假,张大千由重庆求精中学返内江途中,在大足县境邮亭铺被土匪强行掳去安上文书头衔,在邮亭西山一带待了3个来月,强作笔墨师爷,百日后方得逃离。

三、张大千再次到大足

张大千早期专习古人书画,且卓有成效。

17岁时,张大千在大足"落草"一百天,后借奉佛之机逃离。在他逃离土匪窝前,他是看过大足石刻的。又过了近30年,1945年5月中旬,46岁的张大千再次来到大足,住进县城东边街上友人的家里。他要求友人不事声张,要省简应酬,无须麻烦。此行虽不临摹作画,但要仔细、刻意看看古老的石雕艺术,为日后创作做准备。

张大千抵达大足的次日,邑人艺友陪他浏览龙岗山石刻,并登多宝塔观景。张大千对北山石刻的造像和周围景色赞赏不已。真是"北山造像美神多,龙岗寨唱大风歌",尤是北塔脚下"海棠香国""烽烟永靖"的石刻,无论是内容,还是书法,都令张大千赞叹不已。

第三日,张大千一行自带干粮、水,徒步去县城东北的宝顶山石刻区参观。宝顶山石刻,工程浩大、雕刻精美、布局绝妙、内容广博、道场俗讲,令张大千一行惊叹不已。

张大千第二次到大足,在宝顶还看了万岁楼、圣寿寺、广大宝楼阁、小宝顶、倒塔等石刻点以及各种文物和景观。他看了精美的石刻造像,体会了大足的纯朴民风,感受了大足的特色文化。

"海棠香国""大足香味海棠"给两次到大足的张大千留下了极为深刻的印象。若干年后,他仍念念不忘,以此作画并获得大奖。

四、张大千的献画、题诗

张大千以一幅《秋海棠》获国际艺术学会金奖,获"当代世界第一大画家"之美誉。之后,画海棠成了他的独好与绝活。在《秋海棠》获奖20多年后的1979年,他又画了一幅《海棠花》,并题诗曰:

> 我家香国为邻国,
> 想到花时意便消。

> 长恨少陵无逸兴,
>
> 一生不解海棠娇。

诗后附跋云:"昌州志称海棠香国与予内江为接境。"

1982年,他作《赠张采芹垂丝海棠图》,并题诗:

> 锦绣果城忆旧游,
>
> 昌州香梦接嘉州。
>
> 卅年家国关忧乐,
>
> 画里应嗟我白头。

对此,《张大千传》的作者杨继仁在书中注释:昌州即四川大足(今重庆大足),嘉州即四川乐山。明朝诗人袁宏道有《送从军罗山人还大足》一诗,诗曰:"老去渐思云水乡,苔斑蚀尽绿沉枪。青袍白马翻然去,念取昌州旧海棠。"大足史书亦注大足为"海棠香国"。从《张大千传》等书籍,张大千在大足两次发生的故事,以及大足北山崖所题"海棠香国"来看,张大千在《海棠花》所题的诗无疑是直接写给大足的,而《赠张采芹垂丝海棠图》是第一首诗的深化。

张大千献画赋诗,诉说着无尽的乡愁,充满着文化艺术的张力,倾诉着难忘的大足故事,是巴蜀文化甜甜的甘露洒向热热的土地,是大足石刻孕育艺术名人的实例。

江津，过端阳划龙船那些前尘旧事……

庞国翔

　　万里长江流过江津区127千米。江津是全国长江岸线最长的区县，因而在江津境内有许多知名的水码头，如几江、龙门滩、油溪、白沙等等。旧时，在每年的端阳节，这些地方都要开展划龙船比赛，这是当时最具特色的民俗活动。

一

　　几江是江津最大的水码头。旧时，几江的划龙船比赛主要由城里的商会牵头，商会将比赛方案报到城厢区城守镇公所审批备案。

　　几江的龙船属于做生意的各帮口。如划黄龙的属于米帮，划白龙的属于盐帮，划青龙的属于煤炭帮，划太平龙的属于油糖帮。划镇江龙的最厉害，因为他们属于船帮，个个都是"水上客"……这些帮口都有财力，经费开支无问题，所以这个水上赛事办起事来十分有劲，竞争起来有如拼命。

　　当时人们对于划龙船比赛的输赢是看得很重的，所以每次比赛都会有争执，有些人就会闹到商会。商会本是"和稀泥"的组织，劝争执双方几句就叫走人，个都不得罪，两面讨光生。于是就有闹到镇公所的，镇公所又推给商会，说这是商会主办的。总之，扯皮撩筋之事年年有，但年年过端阳划龙船之事还是不断。

二

　　位于长江西岸的油溪镇也是江津的大码头之一。油溪这个江边场镇的地形和地势很特殊，像一条卧在地上的大水牛。伸出长江的三个半岛好像水牛的三条长腿，大家叫它上嘴、中嘴、下嘴。民间传说此叫卧牛之地,难怪古代油溪曾叫游溪,有大水牛卧游水中之意。

上嘴做油盐生意的人居多,较为富裕,属油帮、盐帮。下嘴米帮云集,"土老肥"居多。中嘴则住家杂居。

油溪场的划龙船比赛也是多由商会主导。因油溪场地势分三嘴,上、下嘴是做生意的,所以在每年划龙船出银子时,中嘴的就没有上、下嘴的那么慷慨。

油溪场有龙船三条,由各个嘴分别主事办事。传说划龙船比赛如果是上嘴赢了,油盐便会便宜些。如果是下嘴赢了,米价就会便宜。只因中嘴什么也没有,故输赢都是空的,因而油溪人便编了一首歌来唱:

上管油盐下管米,
中嘴赢了空欢喜。

上、下嘴对输赢看得非常之重,办事的热闹与竞争之烈不亚于城厢区城守镇的几江码头。

三

龙门滩的划龙船比赛与众不同。其他地方划龙船比赛"所抢之宝"是江中鸭子,而龙门滩的划龙船比赛"所抢之宝"则是江岸街窗下的红绸。龙门滩人说:这才叫真正的划龙船抢红。

龙门滩是江津最有名的老街老场之一。龙门滩的龙船只有两条,老街划的是黄龙,新街划的是青龙。

龙门滩的两条龙船有五丈[①]多长,每条船有划位32个,再加上指挥(又称"喊招")、锣、鼓、扳艄、铁炮等,共40人。

端阳节这天,从夹滩、刁家、罗坝、鹤山坪、麻柳等各场来看划龙船的男男女女不绝于途,很快就把龙门滩约一里[②]长的河边挤满。官山、龙华街山坡上和每家临长江的晒楼窗口上都是人,连山坡的大树上都爬满了人。

---

① 一丈约为3.33米。
② 一里等于500米。

江边两条龙船已坐满"划手"。划龙船是要吼号子的,江津各码头吼法不一样。龙门滩龙船的喊招站在船头,左手抓龙冠子,右手朝天挥动:"啊——合——"

此时,锣鼓齐鸣,紧密不分地打出:"哐当,哐当……"

全体划手随着大吼:"啊——合——"

锣鼓又打出:"哐当!哐当!哐哐当——"

喊招又喊:"摇子一齐下水呦呵——"

划手齐叫:"嘿嘿嗨呦呵——"

喊招再叫:"呦呵呀呵——"

划手又齐叫:"嘿,嗨呦呵——"

锣鼓又打出:"哐当!哐当!哐哐当——"

打起的锣鼓配合着划船的摇子,十分整齐。全体划手在喊招的口令下,拼命划桨,船行如飞。

两条龙船先在波宽浪急的长江中间转两圈,这算初赛,不计成绩,两条龙船的划手还可对船喊话。隔一段时间后,只听一声口令,两条龙船的喊招立即挥手,此时发船鼓令猛响,两条龙船立即朝着前方江边的同一个方向拼命划去。

远远的前方是江岸,江岸上有一排房子,此时多个房窗里就会伸出五六尺①长的红绸来,红绸在窗下飘扬。这表示龙船上的划手可以去抢,先抢到和抢得多为赢。

两条龙船的尾端都有一名队员,叫扳艄,是专门放火炮的。他事先把火药筑好放在船尾。只要他用火一点,忽见白烟一冲,"嘣!"的一响,声震九霄,龙船就会忽然向前猛冲七八尺,在此关乎输赢的紧急关头,划龙船的号子与划手的动作越来越快,锣鼓亦打得越来越急,原来的"哐当——哐当"之声变成了"划——划——划——"的响声。

喊招此时一手紧抓龙冠,一手向着划手们左右挥舞,口中大叫:"划倒——划倒——划倒——"

划手亦跟着大叫:"划倒——划倒——划倒——"

河岸上几万观众亦在替划手们着急。老街居民希望黄龙能赢,新街民众则希望青龙不要输。

龙船刚到岸,只见龙船头前排的一个划手飞身下船,拔脚如飞,岸上观众亦很知趣地赶

---

① 一尺约为0.33米。

忙自动让开一条路,好让划手跑向刚才挑出红绸的窗口去抢红。

有时划手要跑一两百米,才能抢到红绸,抢到红绸后包在头上,得意洋洋地回到船上。不过有时船虽先到,但因划手脚力不快,被后面登岸龙船的人把红抢去。抢到红的人大都坐到后面去,把再抢红的机会让给人家。

所以又有人说:龙门滩过端阳既是划龙船比赛,又是短跑比赛……

地址:重庆市渝中区枇杷山正街93号

邮编:400013

编辑部电话:(023)63880156　63880157

电子邮箱:cqwhysyj@126.com

微信公众号:cqwhysyjy

网站:www.cqwhysyj.cn

重庆文化艺术研究QQ群号:294222082